Bodmer · Ganz alltäglicher Wahnsinn

SAMMLUNG **ISELE**

Band 749

Michael Bodmer

Ganz alltäglicher Wahnsinn

Kurzgeschichten

COLLECTION ENTRADA · Nº 1 / KLAUS ISELE EDITOR

Die Buchreihe Collection Entrada
wird ediert von Klaus Isele
Alle Rechte vorbehalten © 2016
Umschlagfoto: *Das schlafende Auto*
Fotografie von Anna Derungs

Herstellung und Verlag:
BoD – Books on Demand, Norderstedt
ISBN 978-3-7412-6689-8

Die Wirklichkeit der Literatur

Ein Vorwort von Gianni Kuhn

Bei unserer ersten Begegnung am Tresen im *Dreiegg* in Frauenfeld, der Stadt, in der ich seit mehr als dreissig Jahren wohne, hatte ich schon einige Bücher geschrieben – und einige Gläser Bier getrunken – und wunderte mich, wie intensiv sich der angehende Jurist für Literatur interessierte und mich sogar fragte, wie ich denn zu meinem Stoff komme. Beobachten und beschreiben, vom Ort ausgehen, sich erinnern – das sei meine Grundlage des Schreibens. Hinzu käme die Phantasie, man müsse sich etwas vorstellen können, ausmalen, wenn er verstehe, was ich meine, antwortete ich, ohne ihm wirklich erklären zu können, woher gewisse Einfälle letztendlich kommen. Auf meine Frage, ob er auch einmal Geschichten schreiben wolle, antwortete er, das würde ihn sehr wohl interessieren, ebenso die Musik, doch er habe mit dem Studium viel zu tun, vielleicht würden ihn später einmal gewisse Gerichtsfälle inspirieren. Das wäre gut möglich, antwortete ich, erwachse das Schreiben doch oft aus der praktischen Erfahrung. Dort kenne man sich aus, müsse sich keine Details ersinnen, sondern sei ein eigentlicher Fachmann.

»Sie meinen aber nicht Mordgeschichten und dergleichen?«, wollte er wissen.

»Das habe ich nicht gesagt. Sie müssen selbst entscheiden, ob Sie ein Krimiautor werden wollen oder ob Sie auch ohne Leichen auskommen.«

»Das kann ich jetzt noch nicht sagen. Ich weiss ja nicht einmal, ob ich je auch nur eine einzige Geschichte schreiben werde, das steht in den Sternen.«

»Ja, die Sterne«, spann ich weiter, »auch die können beschrieben werden. Manchmal sind es aber auch die alltäglichsten Dinge, die einem den Stoff liefern. Es können sich selbst in der Strassenbahn, auf dem Nachhauseweg, auf dem Spielplatz, im Treppenhaus, ja selbst hier in dieser Bar Dinge ereignen, die es durchaus wert sind, beschrieben zu werden.«

»Zum Beispiel?«, wunderte sich der Jurist in spe etwas erheitert. »Etwa die Frau dort hinten, die einer anderen, so wie es aussieht, das Herz ausschüttet, von ihren Sorgen erzählt? Oder jener ältere Herr mit den grauen Haaren, der meiner Meinung nach etwas gar tief in die Zeitung guckt? Vielleicht weil er uns zuhört? Meinen Sie, das wäre es wert, beschrieben zu werden?«

»Sicherlich ist es wert, beobachtet zu werden. Ob später daraus etwas wird, ist eine andere Sache. Aber es kann noch viel einfacher, viel naheliegender sein«, fuhr ich fort, »selbst unser Gespräch könnte in einem gewissen Zusammenhang wichtig werden.«

Er lachte hell auf. »Das kann ich mir allerdings nicht vorstellen«, skandierte er, »und wenn das je der Fall sein sollte, dann bitte ich Sie, mir die Stelle zu zeigen, wo Sie das in einen Text einbauen.«

Und ehe ich mich's versah, erhob er sich mit den knappen Worten, dass er jetzt wirklich los müsse. Ich sass noch eine Weile allein am Tresen, bevor ich mich auf den Nachhauseweg machte.

Auf jeden Fall ist der Kurzgeschichtenband, zu dem ich hier das Vorwort schreiben darf, nach den drei kurzen Erzählungen, die ich von Michael Bodmer im ersten Teil meiner Trilogie des Verschwindens abdrucken liess, sein erstes Buch. Als ich die neuen Geschichten zum ersten Mal las – der Verleger hatte sie mir, da ich für ihn immer mal wieder Manuskripte lektoriere, zur Durchsicht zugeschickt – sah ich sogleich, dass der junge Mann in der Zwischenzeit sehr viel und sehr genau beobachtet hatte und dass er präzis formulieren konnte. Als Jurist ist ihm das ja vertraut. Kein Wort zu viel, keines zu wenig, alles muss sitzen. Ich kenne mich bei kurzen literarischen Formen gut aus, wurde von Kritikern für meine Kurz- und Kürzestgeschichten, meine Aphorismen und Kurzgedichte sogar schon als »Meister der Verknappung«, als »Meister der literarischen Kurzform« gelobt, so dass ich in aller Bescheidenheit glaube sagen zu können, dass diese kurzen Geschichten, die Michael Bodmer hier vorlegt, den meinen in keinster Weise nachstehen; mehr noch, ich sehe mit Erstaunen und Bewunderung, wie Bodmer in Gebiete vordringt, über die ich bis anhin noch nichts geschrieben habe, Gebiete, die mir sogar fremd sind, so dass Bodmer mich *als Leser* inspiriert. Autoren sind neben dem Beobachten, dem Beschreiben, dem Erfinden ja vor allem auch Leser, Mitglieder des grossen Chors. Und ich glaube, wir können uns glücklich schätzen, im Chor der Autoren einen Neuen willkommen zu heissen.

Beginnen

Als sie im neuesten Prosaband einer von ihr sehr geschätzten Autorin bemerkt habe, dass alle darin enthaltenen Texte mit dem Vokal A ihren Anfang nähmen, habe sie sich daran erinnert, dass sie selbst immer eine Geschichte habe schreiben wollen, in der ausschliesslich »B-Wörter« vorkämen, eine Geschichte, in der jedes einzelne Wort den Buchstaben B enthalte. Ihr eigener Name weise deren zwei auf, ihr Nachname immerhin eines, so dass selbst auf dem Buchdeckel nur B-Wörter gedruckt würden. Bis anhin habe sie nicht geglaubt, dass ihr Vorhaben eine Chance hätte. Ein befreundeter Literat habe ihr aber neulich erklärt, dass sie nicht die erste wäre, die ein so wahnwitziges Projekt in die Tat umsetzte.

Etwa in Walter Abishs Roman *Alphabetical Africa* begännen alle Wörter des ersten Kapitels mit dem Buchstaben A, im zweiten Kapitel mit A oder B, im dritten mit A, B oder C, usw. Seien schliesslich alle Buchstaben erlaubt, nehme der Autor bei jedem Kapitel wieder einen Buchstaben weg, so dass beim letzten Kapitel wieder nur noch Wörter, die mit A begännen, erlaubt seien. Eine noch viel heiklere Aufgabe habe sich der französische Schriftsteller Georges Perec gestellt. Er habe nämlich einmal einen Roman geschrieben, in dem der im Französischen recht häufige Buchstabe E nicht vorkomme, niemals, an keiner Stelle. Und das sei doch ein wesentlich schwierigeres Unterfangen als das ihre. Das sei ausschlaggebend gewesen für ihre Entscheidung, sogleich mit dem Schreiben zu beginnen.

Zugfahrt

Der Himmel ist im November oft wie eine stählerne Decke, unter welcher der Zug durch die Landschaft gleitet. Ein Roboter der neuesten Generation setzte sich neben mich. Sein Herz war aus Metall und Drähten, das spürte ich sofort. Seine Ansichten waren jedoch erstaunlich. Er referierte über Frauen, die keine Kinder bekommen können, über das Verhalten von Fischschwärmen und über die Entstehung von Gletschern. Bei mir sehe er einen weissen Raum, den ich offensichtlich brauche, um verlorene Welten zu durchwandern, wofür ich noch reichlich Zeit hätte. Die Frau mit den geschminkten Lippen dort hinten dagegen, fuhr er fort, versuche mit dem Handy ihre Leere, ihre Einsamkeit zu verbergen, ihre Stirn sei kühl wie Fensterglas. Der wohlbeleibte Mann mit dem roten Kopf und dem Bürstenschnitt, der ein Kreuzworträtsel löse, wisse nicht, dass er nicht mehr weit komme.

Je länger wir fuhren, desto deutlicher glaubte ich das Klirren und Klappern der Ohren des Roboters zu hören. Dabei bewegte er sich kaum. Eigentlich sah er aus wie ein normaler Mensch. Er trug einen dunklen Anzug, Krawatte und schwarze Schuhe.

»Keiner kommt ungeschoren davon«, sagte er plötzlich. »Es ist bekanntlich immer der falsche Moment. Wenn wir aus dem Krankenhaus nach Hause kommen, glauben wir ins Paradies zu kommen. Wenn wir Ferien haben, wähnen wir uns ebenfalls im Paradies. Und wenn wir sterben, glauben wir plötzlich, das beschwerliche Leben sei das Paradies gewesen.«

Als der Zug an einem kleinen Bahnhof anhielt, flatterten Tauben auf und durch den Nebel über die gezückten Fotoapparate von zwei japanischen Touristen hinweg davon. Dieser Moment war für mich, ich weiss nicht wieso, von grösster Schönheit erfüllt. Als ich neben mich schaute, wo der Mann im Anzug eben noch gesessen hatte, war der Sitzplatz leer. Einzig ein bläuliches Licht glaubte ich zu sehen, doch dann war da nichts mehr.

Vorsehung

Es war einmal ein Kronprinz, der nach der Jagd rastete und mit Erstaunen feststellte, dass er verstehen konnte, was die Vögel auf den Bäumen einander zuzwitscherten. Unter anderem erfuhr er so, dass seine Vermählte es eben in diesem Augenblick mit dem Koch trieb. Die Eule wusste bereits, dass sie in der Folge schwanger werden würde, was dem Prinzen nur recht sein konnte, da er selbst trotz aller Anstrengung kein Kind zustande bringen konnte und der Koch sein leiblicher Bruder war, was dieser aber nicht wusste. So blieb die Krone sozusagen im Haus.

Unbemerkt

Er war ein junger, wohlhabender Mann mit vielversprechender Zukunft, jedoch zu Melancholie und Bequemlichkeit neigend, was dazu führte, dass er sich immer seltener in der Öffentlichkeit zeigte, bis er schliesslich seine Villa nur noch für Einkäufe verliess, diese aber aus reiner Faulheit schliesslich einstellte und sich alle Dinge, derer er bedurfte, direkt nach Hause liefern liess. Seinen weitläufigen Garten liess er verwildern, so dass seine Villa im Sommer hinter den Büschen und Stauden kaum noch zu sehen war. Was er den ganzen Tag über machte, darüber konnte niemand Auskunft geben, weil er nicht einmal eine Putzfrau beschäftigte, die der Nachbarschaft darüber hätte berichten können. Kein Wunder, dass so die wildesten Gerüchte wucherten. Als bei einem Sturm ein Baum in seinem Garten zu Fall kam und dabei das Dach erheblich beschädigte, der Besitzer sich jedoch auch nach mehreren Wochen nicht zeigte, brach die Polizei die Haustüre auf. Man fand sein Skelett auf dem Boden liegend, geradeso, als hätte er sich nur mal kurz hingelegt. Er trug keine Kleider, wohl weil er, wie man schon bald feststellte, nach dem Baden ausgerutscht war und sich dabei das Genick gebrochen hatte. Durch eine kleine schadhafte Stelle in der Wand des Bades fanden kleine Tierchen Einlass in die Villa, und so wie es aussah, hatten Aaskäfer, Ameisen, Speckkäfer und deren Larven saubere Arbeit geleistet.

Fahrtenschreiber

Es konnte vorkommen, dass er im Auto nach einer gewissen Zeit zu singen begann. Es konnte auch vorkommen, dass er, um sich die Zeit zu vertreiben, in der Tonlage einer Frau zu sprechen begann. Und diese Frau forderte ihn eines Tages bei einer Autofahrt auf, er solle sich umgehend ausziehen. Wie sie sich das denn vorstelle, wollte der Mann, nun wieder mit tiefer Stimme, wissen.

»Ausziehen, jetzt gleich«, befahl sie.

»Während des Autofahrens kann ich mich doch unmöglich ausziehen. Und überhaupt, ich bin angegurtet.«

»Dann benutz einmal dein Spatzenhirn«, herrschte sie ihn an. »Stell dir vor, wir wären zu zweit in einem grossen Raum, etwa in einer Turnhalle, da müsstest du doch wirklich genügend Platz haben, um dich zu entkleiden.«

»Eine Turnhalle mit verschiedenen Turngeräten?«

»Wenn es dir Spass macht.«

»Hm«, meinte er.

»Also augenblicklich ausziehen«, kommandierte sie.

Nun endlich gab er nach. Doch es ging nicht lange, da hatte sie ihn an eines der herumstehenden Turngeräte, nämlich an ein Pauschenpferd, gefesselt, und schon fühlte er den scharfen Schmerz einer Peitsche auf seinem Rücken.

Als er am Zielort ankam, musste er sich sogleich in ärztliche Behandlung begeben. Nun erst begriff er, was die andern damit meinten, wenn sie sagten, alleine lange Strecken im Auto zu fahren sei gefährlich.

Der Brutplatz

Weil es während des ganzen Frühlings kühl war und oft regnete, ging selten jemand – nicht wie in anderen Jahren – im kleinen, von Laubbäumen gesäumten See baden. Kaum einen Steinwurf vom flachen Ufer entfernt schwamm ein Floss. Es bestand aus einem Bretterboden, der auf leeren Motoröl-Fässern ruhte, und war im Seegrund verankert. Es erschien der Bachstelze als idealer Brutplatz. Zwischen den Fässern und dem Holzboden fand sie einen geeigneten Platz, um ihr Nest zu bauen, wo sie ihre Eier legen konnte. Anfänglich ging alles gut, doch Mitte Mai kam eine Hitzewelle aus Spanien. Das Strandbad war von einem Tag auf den andern rappelvoll. Dabei war es für viele Badegäste – vor allem für die Dorfjugend – ein grosses Vergnügen, hinaus zum Floss zu schwimmen, um sich auf dessen Planken in der Sonne zu räkeln, zu schaukeln oder gar Kopfsprünge zu üben. Die kleinen hungrigen Vögel piepsten in ihrem Nest, ohne dass jemand davon Notiz genommen hätte. Die Bachstelzenmutter versuchte tagsüber verzweifelt den Kleinen Futter zu bringen. Immer wieder flog sie vor dem Floss hin und her, doch weil sie sich vor den Menschen ängstigte, gelangte sie nicht zu den Küken. Keiner der Badegäste schien die Tragweite seines eigenen Tuns zu begreifen.

Kunststück

Unter der Dusche stehend, hatte Marianne plötzlich das Gefühl, das Wasser greife nach ihr. Aber eigentlich hatte sich nur der Wasserdruck des Brausestrahls für den Bruchteil einer Sekunde etwas erhöht und dann wieder verringert. Auch wenn sie sich dessen durchaus bewusst war, änderte das nichts daran, dass sie in den folgenden Tagen nur mit einem gewissen Unbehagen duschte. Sie hätte es auch ganz bleiben lassen können, doch das fand sie dann doch zu unhygienisch. Zudem wusste sie von ihrem ältesten Bruder, der ein absoluter Zirkusfan war, dass man dort, wenn etwas missglückte, es gleich nochmals versuchen musste. Das leuchtete ihr ein. Nach einer Woche war für sie Duschen wieder ganz normal, gerade so, als sei nie etwas geschehen. Allerdings stellte sie sich nun beim Duschen gelegentlich vor, sie springe von einem Trapez zum anderen. Wenn sie diese Vorstellung beängstigte, schaute sie ganz einfach nach unten und sah dort keine Arena, kein Netz, keine Zuschauer, nur warmes Wasser, welches gemächlich über den weissen Fliesenboden Richtung Ablauf floss, was sie vollkommen beruhigte.

Der Zeitungsleser

Der Mann im stilvollen Anzug, der allen als »der Sizilianer«
bekannt war, trug einen Schnauzbart im Gesicht, einen Bor-
salino auf dem Kopf, und er hatte im Grand Café am Lim-
matquai sitzend die Angewohnheit, jede Zeitungsseite, kaum
dass er sie gelesen hatte, zu zerknüllen und auf den Boden
zu werfen. So mochte man, wenn man von der Limmatseite
durch die Glasfront des Cafés schaute, meinen, um den Mann
herum sei Schnee gefallen oder reife Früchte lägen auf dem
Boden. Trat man aber näher zu ihm hin, erkannte man den
Irrtum, so dass man sich unwillkürlich fragte, ob das nicht
auch bei anderen Dingen so war, dass man nämlich nie sicher
sein konnte, ob das, was man sah, nicht nur eine von vielen
möglichen Ansichten war, eine Täuschung, eine Illusion.

Die Krankheit

»Und wie fing das bei deinem Mann an?«, fragte die eine Frau die andere, beide vor einer dampfenden Tasse Rooibos-Tee sitzend.

»Die Krankheit kam wie ein Fremder mit dunklem Mantel, der seinen Schuh in die Tür des Lebens hält, bald die Tür aufreisst, sich im ganzen Haus zu schaffen macht, an einem Ort eine Scheibe einschlägt oder die Tapete niederreisst, an einem andern eine Stromleitung beschädigt, sich bald in der Küche oder auf dem Dachboden aufhält, plötzlich im Schlafzimmer die Ständerlampe oder den Wecker ruiniert oder unten im Keller an der Heizung rumschraubt.«

Planetenbahnen

Auf dem kleinen Laptop schrieb Karl nur mit dem rechten und linken Zeigefinger, aber so, als wollte er eine auf der jeweiligen Taste sitzende Fliege töten. Das hatte ihm schon früher, als er sich noch seiner geliebten Schreibmaschine Marke Hermes bediente, den Übernamen »Habicht« eingebracht. Seine einst blonden Haare waren hellgrau geworden, seine Bartstoppeln ebenso. Nur noch ein Jahr hatte er zu arbeiten. Er trug einen grauen Anzug, ein helles Hemd, sein Koffer war dunkelblau. Er sass an einem der runden Metalltische in einem Café und wartete auf den Anschlusszug. Derweil kreisten die Planeten unseres Sonnensystems, wie jeder wusste, um die Sonne. Daran musste er in letzter Zeit öfters denken. Einzig der Planet Erde war ihm nah, zu nah, als dass er wirklich hätte glauben können, dass er sich mitsamt dem schweren Metalltisch, den Zügen und dem stattlichen Bahnhof nicht nur um die Erdachse drehte, sondern darüber hinaus noch in rasend schnellem Flug um die Sonne kreiste.

Die Madonna im Zug

Im einem Zug in Oberbayern sass eine Madonna, ihr leicht gerötetes Gesicht im Spiegel des Fensters vor der vorbeiziehenden Landschaft, ihre feingliedrigen Finger vor der Brust, gerade so zart und anmutig wie auf einem alten Gemälde in der Alten Pinakothek in München. Ab und zu fielen ihre gewölbten Augendeckel zu, doch wenn sie ihre Augen wieder öffnete, war es für den Jüngling, der sie beobachtete, wie ein Sonnenaufgang. Erst bei der Rückfahrt über Rosenheim nach München bemerkte er, als er die zugestiegenen Frauen genau betrachtete, dass es in dieser Gegend offensichtlich noch weitere Madonnen gab.

Am Ufer

Sophie trug einen dunkelblauen Rock und hatte die Haare zu einem Knoten zusammengebunden. Sie mochte sieben oder acht Jahre alt sein. Ihr Blick war hell und wach, aufmerksam, obschon auch eine Innenschau darin lag. Sophie spürte die Wärme der flach geschliffenen Steine am Strand, lauschte der Brandung, beobachtete die Möwen im Flug, vernahm ihre Rufe und stellte sich bei den im seichten Wasser schaukelnden Schwemmhölzern vor, dass es Schlangen wären oder Drachen oder sogar verzauberte Prinzen. Aber mehr noch war es die Dunkelheit des tieferen Wassers, das sie anzog. Es erschien ihr so geheimnisvoll, dass in ihr der Wunsch keimte, später einmal in die tiefsten Tiefen des Meeres zu tauchen.

Ihr Liebling

Seit sie den kleinen Hund hatten, war nichts mehr wie zuvor. Frühmorgens stubste er Heinz an und leckte ihm das Gesicht. Da konnte er sich drehen und wenden so oft er wollte, erst wenn er aufstand und mit ihm Gassi ging, gab der Hund Ruhe. Danach hatte Heinz keine Lust mehr, zurück in die Wärme des Bettes zu kriechen. Wenn er ein paar Tage geschäftlich unterwegs war, übernahm Hannah diese Aufgabe. An solchen Tagen war sie abends todmüde. Die beiden sprachen nicht nur mit dem kleinen Hund, sondern auch miteinander und mit Bekannten vor allem über ihn. Er war zu drollig, und doch so eigenwillig, manchmal auch überdreht. Selbst nachts im Bett berichteten sie sich gegenseitig von den Taten ihres Lieblings. Und manchmal fragten sie sich, wie sie ohne ihn so lange hatten leben können.

Eine alte Bekannte

Er hatte von Rosa geträumt, und den ganzen Tag über musste er an sie denken. Es mochten wohl zehn oder mehr Jahre her sein, dass er sie zum letzten Mal gesehen hatte. Dabei war er nie ihr Kunde gewesen; er hatte sie nur dann und wann im Café gesehen, mit ihr ein paar Worte gewechselt. Sie war wohl das, was man eine Zufallsbekanntschaft nennt. Er hatte nie mehr an sie gedacht. Doch seit dem Traum war sie ihm plötzlich so nah wie nie zuvor. Sie war von Beruf Prostituierte. Wahrscheinlich war sie schon längst aus der Stadt weggezogen, vielleicht hatte sie in eine andere Sparte gewechselt. Man übt diesen Beruf ja nicht bis zur Pensionierung aus. Den ganzen Tag ging ihm Rosa nicht mehr aus dem Kopf. Als er am Abend zwei Frauen in einem Schuhgeschäft miteinander sprechen sah, sie wegen der Schaufensterscheibe aber nicht hören konnte, wurde ihm mit Schrecken bewusst, dass er vollkommen vergessen hatte, dass Rosa stumm war. Tatsächlich hatten sie im Café nie wirklich miteinander gesprochen, sondern sich nur über einfache Gesten verständigt. Mit ihrem Lächeln, ihren Augen, ihren Fingern, ja mit ihrem ganzen Körper hatte sie mit ihm kommuniziert. Er konnte nicht glauben, dass er das hatte vergessen können.

Stare

Der Lärm und der Gestank der Stare erschienen Albert an diesem Sommerabend unerträglicher als sonst. Die Vögel hüpften unruhig auf den Ästen der grossen Platane vor seinem Haus herum. Offensichtlich hatten sie Schwierigkeiten, den idealen Schlafplatz zu finden. Und wieder zerknüllte Albert ein beschriebenes Blatt Papier. Er konnte sich einfach nicht konzentrieren. Einmal musste das ein Ende haben. Er holte die Flinte aus dem Waffenschrank. Doch plötzlich war es ruhig. Stare gehen früh schlafen und stehen spät auf. Das war auch an diesem Tag so. Er stellte die Flinte wieder zurück in den Waffenschrank. Jetzt war alles gut. Ohne Störung konnte er bis tief in die Nacht emsig schreiben. Er schenkte sich einen Whisky ein und humpelte wieder zu seinem Schreibtisch. Noch ein paar Wochen, dann hatte er das Manuskript über die Zeit im Krieg bis zu seiner Verwundung fertig gestellt. Noch vor Weihnachten sollte es in die Buchhandlungen kommen. Was er dann tun würde, wusste er noch nicht. Er konnte sich nicht vorstellen, über etwas anderes als seine Erlebnisse im Krieg zu schreiben.

Wo die Toten wohnen

»Zimmer mit Aussicht auf den Friedhof und das Krematorium. Das würde sich in einer Wohnungsanzeige wohl nicht
so gut machen«, meinte der eine Student zum andern. »Da
ist eine Wohnung mit Balkon und Seesicht eher gefragt.«

»Mein Zimmer geht tatsächlich auf einen Friedhof«, entgegnete der andere. »Vor allem ist es ruhig. Kein Strassen-
lärm, kein Abgasgestank, nachts keine Betrunkenen. Das ist
in einer so grossen Stadt nicht zu verachten.«

»Aber die Toten?«

»Ich wiederhole: Ich bin ganz zufrieden mit meiner Blei-
be. Allein vom Krematorium her weht ab und zu ein süssli-
cher Duft zu mir rüber.«

Die Eisprinzessin

Clara hörte ihren Bruder Peter oft hinten im kleinen Saal Klavier spielen. Er hatte sich in einen dicken Mantel gehüllt, an den Füssen trug er Fellschuhe und auf dem Kopf eine Mütze, denn das Geld reichte nicht, um genügend Holz für den Ofen im Salon zu kaufen. Zudem hätte das Dach dringend abgedichtet werden müssen. Auch die Fensterrahmen wiesen Risse auf. Clara sass im einzigen wirklich warmen Raum des Hauses, in der Küche. Hier wärmte der Ofen nicht nur den Raum, sondern diente auch als Kochherd. Die Arbeit fiel Clara leichter, wenn sie aus der Ferne Chopin oder Bach in der warmen Küche beim Kartoffelschälen begleiteten. Manchmal hatte Clara das Gefühl, eine Eisprinzessin zu sein, die einem Konzert eines Eisorchesters zuhörte, bei dem ihr Bruder mit seinem Spiel hervorstach, weil er wie kein Zweiter den kurzen und langen Eiszapfen so wunderbare Klänge entlocken konnte.

War es Peters Freude, Klavier zu spielen, so war es Claras Freude, neben der Schule und der Hausarbeit Bildergeschichten anzuschauen. Ihr Vater brachte ihr zuweilen welche aus der Leihbücherei mit, wo er zweimal die Woche nach Feierabend die Böden reinigte. Als sie eines Tages in einem Bändchen Asterix und Obelix den Ausdruck »Ave Caesar« zum ersten Mal las, verstand sie das Wort »Ave« nicht, weil sie glaubte, es sei falsch geschrieben und müsse eigentlich »Affe« heissen. Allerdings fand sie es höchst befremdlich, dass alle Caesar mit den Worten »Affe Caesar« begrüssten, weil er doch ein so aussergewöhnlicher Feldherr und Kaiser gewesen sein soll.

Der Blumenstrauss

Sandra tat die Blumen in eine Vase und stellte sie auf den Tisch. Kim war ein netter Kerl. Er wollte auch nicht gleich Sex. Er wollte mit ihr über alle möglichen Dinge sprechen. Und Sandra hatte mit ihm zusammen so viel gelacht wie schon lange nicht mehr. Eigentlich noch nie. Auch im Gymnasium strengte er sich an, vor allem im Deutschunterricht. Das habe er dem grossgewachsenen Lehrer auch gesagt.

»Was hast du ihm gesagt?«

»Dass er ein toller Lehrer sei, dass ich mich bis dato nicht gross für Literatur interessiert habe, doch wie er das rüberbringe, sei einmalig, und ob er mir vielleicht noch weitere Unterlagen geben könne.«

»Schön, wie du dich für etwas begeistern kannst.« In Sandras Stimme lag ein leises, kaum wahrnehmbares Zittern. Sie machte sich an den Blumen zu schaffen. »Ist es mehr das Fach oder mehr der Lehrer?«

Kim stutzte. »Beides natürlich. Wieso meinst du?«

»Ach, nur so. Ich meine, du schwärmst richtiggehend für diesen Mann.«

»Na und? Es gibt wenige Menschen, die einem den Lernstoff so gut vermitteln können.« Er begann an seinem Hemdkragen zu nesteln. »Hast du mir ein Glas Wasser?«

»Entschuldigung, kommt gleich.«

Sie schaute ihm zu, wie er trank. »Ich glaube, du hast dich ein bisschen in deinen Lehrer verliebt.«

»Ich mag ihn, das ist alles.« Er stockte. »Ich weiss nicht. Vielleicht schon. Aber du hast dich wohl auch schon in einen Lehrer verguckt.«

»Ich bin nicht so der Typ. Ich schau mir die Dinge meistens aus der Vogelperspektive an. Aber du bringst mich hin zu den Dingen, zu mir selbst. Gerade deshalb bin ich so gern mit dir zusammen.«

»Ja, ich auch.«

»Dann küss mich.«

Kim zögerte.

»Was ist los? Bist du zu scheu?«

»Aber? Ich weiss nicht. Du hast mich so durcheinander gebracht mit dem Lehrer«, antwortete Kim.

»Also doch.«

»Nein, da ist nichts.« Jetzt machte sich Kim an den Blumen zu schaffen. »Aber vielleicht hast du recht. Ich muss mir über meine Gefühle klar werden.«

»Das heisst, du bist schwul. Ich verstehe. Deswegen hatten wir es so gut miteinander. Weil du nicht mit mir ins Bett willst. Selbst küssen ist dir zu viel.«

»Ja, vielleicht hast du recht. Vielleicht bin ich wirklich schwul. Nur habe ich mir das nie eingestanden. Darüber muss ich mir Klarheit verschaffen.«

»Das scheint mir allerdings dringend notwendig zu sein.« Sandra erhob sich abrupt und zog die Blumen aus der Vase, wodurch das Wasser nur so von den Stielen auf den Tisch tropfte.

Auch Kim stand auf.

»Hier, deine Blumen. Die sparst du dir besser für jemand anderen auf. Geh jetzt! Geh!«

Ein lächerlicher Mensch

Jochen sei ein lächerlicher Mensch, sagte Christiane, ohne dass ich mir dabei vorstellen konnte, wieso sie das glaubte. Ich kannte Jochen als arbeitsamen und ruhigen Menschen. Gewiss, er war etwas gar schweigsam und gab einem auf Fragen kaum Antwort. Oft murmelte er nur etwas vor sich hin, wenn man mit ihm reden wollte. Zuweilen war er sogar mürrisch.

Das sei doch alles nur Mache, er wolle sich damit nur aufspielen. Wenn er etwas Gescheites zu sagen hätte, würde er es auch aussprechen.

Ich könne ihren Spott nicht verstehen, antwortete ich. Es gäbe sicherlich Gründe für sein Verhalten, von denen wir nichts wüssten, gab ich Christiane zu bedenken, bei deren Namen ich nie ganz sicher war, ob ich ihn richtig aussprach. Das gleiche Problem hatte ich übrigens auch bei Christa und Christine. War das ch nun als k zu sprechen wie in Chianti, Charakter oder Chur im Kanton Graubünden, also etwa: Kristine, Krista und Kristiane wohnen in Khur. Oder war es, wie oft in der Schweiz, rauh auszusprechen wie in Bach, Buch oder Ach? Um meine Unsicherheit zu überspielen, entschied ich mich für eine Mischform, weder das eine noch das andere.

Und wie war das mit der Betonung? Mal betonte ich die zweitletzte Silbe, dann wieder die erste; mal mehr deutsch, dann wieder mehr französisch. Am sichersten war es, wenn ich Christiane gar nicht beim Namen nannte, sondern nur mit du anredete.

Ob ich denn immer noch nicht wisse, wie sie heisse, kam dann der Vorwurf postwendend.

Was ich auch sagte oder nicht sagte, es war immer irgendwie falsch, so dass ich zum Schluss kam, dass es viel lächerlicher war, dass ich mit ihrem Namen nicht zu Rande kam, als das wie auch immer geartete Verhalten von Jochen.

Karawanenmusik

Nicht dass er jemals in Afrika gewesen wäre; den einzigen Sand, den er kannte, war jener des Sandhaufens, in dem er als Kind gespielt und in dem wiederum seine Kinder gespielt hatten. Dieser war jedoch mehr Bauplatz denn Landschaft, im weitesten Sinne noch Landschaftsgestaltung im Kleinen; von wirklichen Dünen, Oasen und dergleichen konnte nie die Rede sein. Wie hätte er da etwas wissen können vom Stapfen der Kamele im heissen Sand, von diesem unendlich erscheinenden Trotten, diesem Band, das sich durch die Wellenlandschaft aus Sand schlängelte; wie etwas von den ausgetrockneten Augen, den aufgesprungenen Lippen, dem Sand in den Ohren, überhaupt dem Flirren der Luft, dem Sirren, dem Stehen der Luft, als wäre sie so dicht wie Wasser oder Schaum oder wie geschlagenes Eiweiss, das wiederum als Eischnee bezeichnet wird, was aufgrund der nächtlichen Temperaturen, die in der Sahara oft unter Null Grad sinken, gar nicht so weit hergeholt ist; vom Stechen der Sonne ganz zu schweigen. Und schon gar nichts hätte er zu sagen gewusst über die Zähflüssigkeit der Luft, die einem ja nicht nur wie Eischnee, sondern auch und gelegentlich viel mehr wie geschlagener Rahm, steif geschlagener Rahm, vorkommen musste, wobei er beim Adjektiv »steif« an eine Erektion, an seine Erektionen zu allen Jahreszeiten und Wettern denken musste; ebenso an die Erektionen von Todgeweihten, deren Glied sich vor oder gar bei der Hinrichtung versteift, wohl ein letztes Aufbäumen der Natur, ein letzter Fortpflanzungswille, bevor dieses eine menschliche Leben ausgelöscht wird durch das Fallen eines Beils oder durch die sich öffnende Luke unter den Füssen, wodurch sich der um den Hals gebundene Strick sogleich strafft, um so dem Verurteilten das Genick zu brechen. Und hier, vielleicht gerade hier konnte er im Angesicht des Todes eine feine Musik hören, von der er nicht wusste, ob sie von aussen oder von innen kam, konnte etwas spüren von der zähflüssigen Beschaffenheit der Luft und vor allem der Zähflüssigkeit der Zeit, in der alles eins wird, und die so charakteristisch war für die Wüstengebiete, die er nie gesehen hatte und die er nie mehr sehen würde: Alles, was er im Moment seines Todes vernahm, war eine leise Karawanenmusik.

Grossmutter

Grossmutter musste auf der Treppe des fünfgeschossigen Hauses immer wieder mal stehen bleiben, ihre Einkaufstasche hinstellen und durchatmen. Vor drei Jahren hätte sie vom fünften in das erste Geschoss umziehen können, weil dort eine Wohnung frei wurde, doch damals war sie noch gut zu Fuss, war sogar stolz auf ihre Fitness gewesen. Jetzt aber konnte sie sich kaum mehr vorstellen, dass ihr das Treppensteigen einst so leicht gefallen war. Wie war sie doch früher als Mädchen herumgehüpft, Fahrrad gefahren, schwimmen gegangen. Mutter hatte immer gesagt, sie sei eine kleine Uhr, die nie zur Ruhe käme, eine Unruhe.

Wenn sie beim Treppensteigen inne hielt, blieb ihr Blick in letzter Zeit öfters in einer dunklen Ecke hängen, und es kam ihr so vor, als sei dort ein tiefes Loch, das sie wie magnetisch anzog. Darüber befiel sie jeweils ein Schwindelgefühl, so dass sie sich fest am Treppengeländer festhalten musste, um nicht hinunterzufallen.

Gewitteraugen

In der Bar, in der sie sich verabredet hatten, schaute Irmgard wegen des Donnerkrachens immer wieder zum Fenster, das sich bei jedem Blitzschlag gleichsam in eine Kinoleinwand verwandelte, und sogar als ihr Freund patschnass eingetroffen, also in Sicherheit war und neben ihr sass, so dass sie die Münzen in seiner Hosentasche klimpern hörte, spähte sie immer wieder zum Fenster – etwas verstohlen allerdings, weil er sich mit einem eindeutigen Gesichtsausdruck darüber beklagte, dass sie nur Augen für das Gewitter hatte und nicht für ihn.

»Du hast ja richtige Gewitteraugen«, sagte er etwas herablassend wie zu einer Drogensüchtigen. Obschon es sicherlich nicht Julians Absicht gewesen war, gefiel Irmgard dieser Ausdruck ausserordentlich, weil er genau das bezeichnete, was sie empfand. Obwohl die Musikbox trällerte, nachdem sich Julian einiger seiner Münzen entledigt hatte, reihten sich in ihrem Kopf wie durch Zauberhand Worte und Sätze aneinander, Zeile an Zeile, die Irmgard sogleich auf dem kleinen Schreibblock des Kellners festhalten musste. Da erst sah sie, dass sie – ohne es beabsichtigt zu haben – ein Gedicht geschrieben hatte, ihr erstes Gedicht.

Der erste Kuss

»Ein Kuss bleibt in Erinnerung«, sagte der eine alte Mann mit der ausgebleichten tätowierten Rose und dem Anker auf dem Oberarm an diesem lauen Morgen zu dem anderen neben sich, der Bügelfaltenhosen und ein weisses Hemd trug. Dieser schaute den Fremden erstaunt an, entgegnete aber kein Wort, und sein Blick verlor sich wieder in der Tiefe des Parks.

»Martha, meine Geliebte«, fuhr der gealterte Matrose fort, »habe ich in diesem Park zum ersten Mal geküsst. Doch dann lernte sie einen andern kennen, und weg war sie.«

»Und?«, fragte der neugierig gewordene Banknachbar.

»Ich bin dann zur See gefahren, jahrelang, jahrzehntelang. In jedem Hafen habe ich eine gehabt, ich war ein Teufelskerl. – Doch auch ich wurde älter, habe Probleme mit dem Gehen bekommen und musste mir ein künstliches Hüftgelenk implantieren lassen. Nun ja, ich bin dann halt sesshaft geworden und wieder in meine Heimatstadt zurückgekehrt, wo ich nun gerne in demselben Park spazieren gehe, in dem wir uns damals geküsst haben. Und jetzt, wo ich das erzähle, erinnere ich mich wieder sehr intensiv an Martha, an diesen einen, den ersten Kuss, eine süsse und zugleich schmerzliche Erinnerung. Ob sie noch mit dem anderen zusammen ist? Oder hat sie den auch wieder verlassen, ist ab und davon, über alle Berge? Wenn ich nur wüsste, wo sie sein könnte.«

Der Mann im weissen Hemd und den Bügelfaltenhosen räusperte sich. »Das kann ich Ihnen wohl beantworten«, meinte er, »denn ich bin der andere. Sie ist damals schwanger geworden, wir haben geheiratet, und sie gebar uns drei Kinder, die schon längst ausgezogen sind. Aber an Sie würde sich Martha«, dabei bewegten sich seine Lippen wie eine sanft sich brechende Welle, »an Sie würde sich Martha sicherlich nicht erinnern.«

»Das wundert mich nicht nach all den Jahren«, antwortete der Seemann.

»Nein, verstehen Sie mich nicht falsch. Martha erkennt weder Sie noch mich noch die Kinder noch Frau Lappert dort hinten, nicht mal deren Hund.« Seine Lippen zuckten leicht. »Sie lebt, doch wir alle sind aus ihrem Bewusstsein verschwunden.«

»Das kann ich nicht glauben«, entgegnete der Matrose, »Sie kennen doch das Märchen: Wenn der Richtige kommt, wird die Prinzessin erlöst. Wenn ich sie küsse, muss sie sich ganz einfach an mich erinnern. Und wenn sie mich wieder erkennt, kommen auch all die anderen Erinnerungen wieder zu ihr zurück. Martha wird sich wieder an Sie erinnern, an Ihre Kinder, selbst an Frau Lappert und ihren Hund dort hinten beim Teich. Ja, so wird es sein.«

Eine beliebte Lehrerin

Im Mittelalter galten ein kleiner Busen, ein runder Bauch und eine erhöhte Taille als modisch. Im 16. Jahrhundert eroberte das Korsett die europäischen Höfe. Es hob die weiblichen Reize hervor, machte den Körper einer Frau aber gleichzeitig unzugänglich. Katharina hatte einige dieser Stücke in ihrem Schrank, und sie wusste sie gezielt einzusetzen. Mit dem konischen Rokoko-Korsett betonte Katharina ihre Brust, durch das viktorianische (1870-1890) bekam ihr Körper die Form einer Sanduhr wie bei Scarlett O'Hara. Mit dem Stil, der um die Jahrhundertwende en vogue war, kamen Brust und Taille in eine Linie, dafür wurde die S-Kurve am Rücken betont, doch bereits um 1914 erfreuten sich Büstenhalter einer zunehmenden Beliebtheit und ersetzten das Korsett. Katharina verabscheute die neuen BH-Schalen durchaus nicht, bei der Shapewear, der formenden Unterwäsche, kannte sie sich sehr gut aus. Ihre Schülerinnen in der Modeklasse vermochte sie für das Studium zu motivieren wie kaum eine andere an der ganzen Schule. Gleichermassen faszinierten sie die Männer der ganzen Stadt, doch sie nahm sich nur Liebhaber, die ihre wechselnde Unterwäsche auch wirklich zu schätzen wussten. Männer, die sozusagen vom Fach waren.

Die Japanerin

Die Einkaufstasche in der einen, die Post in der anderen Hand, ging ich die Holztreppe hoch. Doch was war das? Als ich den unbeschrifteten Umschlag öffnete, rutschte ein Reisepass heraus. So wie es aussah, gehörte er einer Japanerin. Die Katzen strichen mir um die Beine, doch dieses Mal mussten sie warten. Was hätte ich tun sollen? Oder vielmehr, was hatte das zu bedeuten? Krampfhaft versuchte ich mich zu erinnern, doch die einzige Japanerin, die ich kannte, konnte es vom Alter her nicht sein. Hier im Gebäude und in der Nachbarschaft wohnten keine Japaner, dessen war ich mir sicher. Aber was war mit dieser dem Bild nach zu urteilen jungen Frau los? Wollte mir die Unbekannte damit etwas sagen? Sollte ich mich bei ihr melden? Oder hatte sie ganz einfach den Briefkasten verwechselt? Aber wieso ohne Aufschrift? Wurde sie bedroht, wollte sie den Reisepass in Sicherheit bringen, in der Annahme, der Empfänger würde ihn der Polizei abliefern, damit sie sich auf die Suche nach ihr machen würden? Aber kam ich, wenn ich das tat, nicht selber in Teufels Küche? Die Katzen liessen nicht locker; sie miauten, benutzten meine Beine als Slalomstangen und wollten, dass ich sie fütterte, was ich dann auch tat. Als ich ihnen beim Fressen zuschaute, fragte ich mich, wieso ich mir wegen dieses Reisepasses so viele Gedanken machte. Vielleicht stand die Frau morgen mit entschuldigendem Blick vor meiner Tür, wollte den Ausweis zurück und behauptete, das Ganze sei ein Missverständnis. Ich würde ihr den Pass erleichtert aushändigen, sie würde sich viele Male entschuldigen, sich dabei vor mir verbeugen, wie es Japaner zu tun pflegen, und würde lächeln. Ich würde zurücklächeln und mich ebenfalls verbeugen, froh darüber, dass die Geschichte so schnell zu einem so guten Ende gekommen war.

Lachend aufwachen

Es sei einfach wunderbar, lachend aufzuwachen. Früher als Kind habe er oft Alpträume gehabt, doch seit er erwachsen sei, geschehe es immer wieder, dass er mit einem Lächeln auf den Lippen aufwache und so das Gefühl habe, sein ganzes Leben zu überschauen, erklärte mir Jens, als ich ihn beim Fischen antraf. Bei Jan, seinem Bruder, der am gleichen Fluss, jedoch am anderen Ende der Stadt, wohne, sei das sicherlich ganz anders, auch wenn er ihn noch nie beim Aufwachen beobachtet habe. Er könne sich nicht erinnern, ihn überhaupt je lachen gesehen zu haben. Jan führe aber auch ein vollkommen anderes Leben als er. Jan behaupte sogar, dass es nicht nur ein Leben, sondern zwei gebe, zwei Wirklichkeiten, die uns bekannte und eine normalerweise nicht sichtbare. Zwischen diesen zweien könne er mühelos hin- und herwechseln und erst dadurch die Tiefe des Lebens erfahren. Vieles, was uns zufällig, absurd oder unerklärlich erscheine, sehe Jan in einem völlig anderen Licht. Vielleicht verwechsle er das Träumen in der Nacht mit einem zweiten Leben, gab Jens mir gegenüber zu bedenken. Seine Devise sei jedoch »Leben und leben lassen«.

Letzte Woche hätten sie sich wegen einer Familienangelegenheit im Gartencafé gleich gegenüber, von wo aus man die Fische im Fluss gut beobachten könne, getroffen. Dabei seien sie auf ihrer beider Verschiedenheiten zu sprechen gekommen. Vor allem könnte er am Morgen nie wie er lächelnd aufwachen, habe ihm Jan im Verlauf des Gesprächs gesagt. Woher sein Bruder davon wusste, könne er sich überhaupt nicht erklären, das sei ihm ein Rätsel, so Jens. Sie hätten seit ihrem Auszug von zu Hause nie mehr in demselben Raum geschlafen. Ich sei nämlich – und da sei er sich absolut sicher – der erste, dem er davon erzähle.

Ganz alltäglicher Wahnsinn

Wäre der Zug nicht mit Verspätung losgefahren, hätte ich ihn nicht mehr erwischt. Während ich verschwitzt vom Rennen aber glücklich dasass, wählte mir gegenüber eine junge Frau mit langen, pechschwarz gefärbten Haaren ein Nummer auf ihrem Handy.

»Ach, nein, verdammt«, begann sie, wählte nochmals. »Hallo Caroline? Bist du dran? Heh, hallo! Ach, endlich. Ja, genau, ich habe heute meine neue Stelle angetreten. Ja, ja. Nicht schlecht. Besser als in dieser, du weisst schon. Was? Ja, genau. Alle sind nett. Mit einer, Daniela heisst sie, eigenartiger Name, nicht wahr, hab ich mich in der Pause unterhalten. Sie erzählte was von ihrer Schwester, die schwanger ist. Mann, da kriegte ich glatt eins ins Gesicht. Den ganzen Vormittag hatte ich nicht mehr dran gedacht. Ich bin ja auch schwanger. Seit genau acht Wochen, hat mir der Arzt letzte Woche gesagt. Ein ziemlicher Schock, das kannst du dir ja vorstellen. Dabei dachte ich, alles sei o.k. Nur die Regel hat sich wohl etwas verschoben, glaubte ich zuerst, wegen der Medikamente. Doch der Arzt fragt mich dies und das, macht einen Test, und da hat es bereits eingeschlagen. Wenn ich nur wüsste, von wem. Was? Kurt, nein, der ist vor drei Monaten nach Italien gefahren wegen dieser Firma, du weisst schon. Olivenöl. Nicht alles ganz sauber. Vielleicht Sebastian. Lass mich mal überlegen: Vor acht Wochen, was war da los? War da nicht diese Party bei Jürgen. Mit wem? Oder könnte nicht Kevin in Frage kommen? Nein, mit dem hab ich nicht, aber mit diesem, wie hiess er doch gleich, Vincenzo. Genau. Wenn's von dem wäre… Ja, du musst, ich verstehe, ich ruf dich später zurück. Tschüss. Ja, du auch, tschüss.«

Links zum Fenster raus sah ich den Zürichsee. Wie der Arm eines Meeres, dachte ich. Meine Augen glitten noch etwas weiter nach links, rüber bis ans andere Ufer. Goldküste nennt man das. Nichts für Leute wie mich, die immer schauen müssen, dass es reicht. Sieht aber wirklich paradiesisch aus. Alles in der Sonne. Unsere Seeseite ist etwas schattiger. Der Zug hält kurz in Thalwil.

»Vincenzo, bist du das? Was, nicht da. Wer ich bin? Na, bitte. Aha, Entschuldigung. Ja, du auch.«

Sie fährt sich mit der Hand durch das schwarze Haar.

»Bin ich blöd«, ruft sie aus, als stünde sie auf einer Theaterbühne, und senkt dann die Stimme zum Selbstgespräch. »Toni, mit dem hab ich doch mehrmals an diesem Wochenende. Wie konnte ich das nur vergessen?« Dann nestelt sie wieder an ihrem Handy herum. Ich wage kaum, sie anzuschauen. Als ob ich sie beim Duschen beobachten würde oder so. Aber wo sollte ich hin? Alles ist um diese Zeit randvoll, jeder Platz besetzt. Wenn jemand hustet, weisst du nicht, ob du morgen die Grippe hast.

»Toni, bist du's? Ja, hör mal. Ich bin schwanger. Von wem? Eben darum rufe ich dich an. Von dir! Du wirst Vater! Was? Du hattest ein Kondom übergestreift? Ehrlich? Ich kann mich gar nicht mehr so klar an den Abend erinnern. Wir hatten doch dieses Zeug eingeworfen. Ein Kondom, sicher? Ja, ist schon o. k. Dann ist es nicht von dir. Ja, entschuldige, war schön, dich zu hören.«

Der See lag still da. In der Fensterscheibe spiegelte sich die schwangere Frau wie die Projektion einer Meerjungfrau. Allerdings wurde sie zunehmend emotionaler. Ach, was sage ich, sie war vollkommen aufgewühlt, durcheinander; ich konnte ihre Vibrationen wie Wellen spüren.

»Caroline, bist du noch da? Kannst du dich an Carl erinnern? Der hat eine Türkin geschwängert. Und die hat abgetrieben. Kannst du dir das vorstellen? Eine Türkin. Das gab mächtig Ärger mit ihrem Vater. Aber ich? Weisst du, was mein Vater sagt? Vierzig Prozent der hilfesuchenden Frauen, die zu ihm kämen, hätten abgetrieben. Vierzig Prozent. Du weisst doch, er arbeitet als Seelsorger. Er muss es ja wissen.

Von einer Abtreibung kannst du psychische Probleme davontragen. Das hat eine Langzeitwirkung. Diese Leere, du weisst. Davor hab ich Angst. Caroline, bist du noch da? Hast du gehört, ich weiss nicht, was ich tun soll? Und ich hab Angst.«

Sie begann zu weinen. Der ganze Wagen hörte stumm ihrem Schluchzen zu. Wädenswil. Ich musste aussteigen.

Die Kunstgiesserin

Erst kürzlich traf ich im Tram zufälligerweise eine Afrikanerin, mit der zusammen ich die Schule besucht hatte. Sie erzählte mir von ihrer Ausbildung zur Steinbildhauerin. Sie habe nach dem Lehrabschluss ein paar Jahre Grabsteine gemeisselt, ab und zu habe sie auch andere Aufträge gehabt. Nun arbeite sie in einer Kunstgiesserei tief unten im Sittertal im äussersten Osten der Schweiz. Eisen, Bronze, Aluminium, Silber, Gold – ich könne mir nicht vorstellen, was sie da alles gössen. Die Vorbereitung sei allerdings enorm. Verlorene Form, so nenne sich das hauptsächliche Verfahren, sagte sie. Dabei arbeiteten sie im Wachsausschmelz-Verfahren. Sei die Vorlage etwa ein Gipsmodell, müsse dies zuerst mit einem elastischen Material ummantelt und anschliessend von aussen mit Gips verstärkt werden. Danach müsse die Ummantelung sorgsam weggenommen werden, um darin ein dünnwandiges Positiv-Wachsmodell zu giessen, in das nach dem Erhärten die Gusskanäle eingesetzt würden. Das Ganze werde mit flüssigem Schamott eingepackt und schliesslich in die flüssige Gips-Schamott-Mischung eingetaucht, in der das Wachsmodell vollständig verschwinde. Die durchgetrocknete Schamottform werde anschliessend im Ofen erwärmt, bis das Wachs in ihrem Innern ausschmelze. Und nun erst werde die flüssige Bronze oder ein anderes Metall in den hohlen Schamott-Mantel gegossen.

Das geschmolzene Metall brodle, sei rötlich wie Lava, spritze beim Einfüllen und zische, wenn es in die Form gegossen werde. Das sei für sie immer noch die reine Magie. Ich solle doch mal vorbeikommen bei ihnen tief unten im Sittertal und bei der Arbeit zuschauen. Bei der Haltestelle Bellevue musste sie raus. Noch beim Aussteigen fragte sie mich, ob ich wisse, dass afrikanische Eisenschmelzer bis vor Kurzem bei Beginn der Arbeit für das gute Gelingen einen

Hahn schlachteten. Für den schwarzen Hephaistos, den Gott der Schmiede. Dabei war ich mir nicht ganz sicher, ob sie mir zuzwinkerte oder ob ihr nur etwas ins Auge gekommen war. Sie lächelte und entschwand zwischen den Passanten.

Die schwarze Madonna

»Ich bin dunkel, aber schön«, heisst es im Hohen Lied. Die schwarze Farbe ihres aus Holz geschnitzten Gesichts stamme vom Russ und Rauch der Kerzen und Öllampen, erklärte mir die Schneiderin, der ich meine Texte zum Lesen gab, noch bevor sie zum Verleger gingen. Wie in der Literatur werden auch beim Schneidern einzelne Teile zusammengefügt. Braucht meine Schneiderin dazu Nadel und Faden, so benutze ich Worte. Jedenfalls verstanden wir uns gut. Sie zeigte mir ihre neuen Kleider, ihre Schals und Hüte, und ich las ihr meine Texte vor. Ich lud sie immer wieder mal zum Essen ein.

»Als die Franzosen in der Schweiz einfielen, wurde die Madonna für einige Wochen im Erdboden vergraben«, begann die Schneiderin beim Nachtisch, » und kam dann in die Probstei St. Gerold im Vorarlberg, wo sie restauriert wurde. Den Gläubigen hat die nun helle Hautfarbe aber missfallen, worauf der Maler Gesicht und Hände wieder schwarz bemalt hat. Vollkommen schwarz. Kannst du dir das vorstellen? 1803 kam sie wieder zurück nach Einsiedeln in die neu errichtete Gnadenkapelle. Sie trägt einen kunstvoll bestickten Behang, dessen Farbe zu wechseln scheint. Dafür gibt es allerdings eine Erklärung: In den vergangenen Jahrzehnten sind dem Gnadenbild und dem Jesuskind für die Erfüllung von besonderen Anliegen neun verschiedene Kleider in verschiedenen Farben und Stickart geschenkt worden, mit denen sie ein Mönch zu gegebener Zeit einkleidet. Im Augenblick trägt sie ein violettes Kleid mit goldenen Bordüren. Bruder Gerold, den ich persönlich kenne, kleidet die Madonna ein. Er sei niemals einer Frau näher gekommen als der schwarzen Madonna, hat er mir beteuert.«

Ich schaute die Schneiderin an. Deutlich spürte ich in diesem Augenblick unsere Seelenverwandtschaft, so als würden wir uns schon lange kennen, schon viel länger, als uns das bewusst war. Und ich war froh, dass sie keine Madonna war und ich kein Mönch.

Hochwasser

Hauptmerkmal von Kunststoff-Folien ist ihre Fähigkeit, an oder um Gegenstände gewickelt werden zu können und sich deren Form anzupassen. So war es auch mit ihrer Beziehung; auch wenn nicht klar war, wer denn hier die Folie war. Jedenfalls bis zu jenem Tag, als das Wasser schnell anstieg. Unten im Tal mochte die Sonne scheinen, aber wenn es in den Bergen heftig und anhaltend regnete, stieg das Wasser innerhalb kürzester Zeit. Das mit dem Boot war seine Idee gewesen. Und wie immer war sie mit dabei. Plötzlich, buchstäblich aus heiterem Himmel, schoss eine Wasserflut vom Bergtal auf sie zu und schob mehrere Baumstämme vor sich her. Offensichtlich hatten die Stämme das Wasser flussaufwärts gestaut, um schliesslich dem Druck nachzugeben und loszubrechen. Ein fürchterliches Knistern und Glucksen, und noch ehe sie begriffen, was los war, kenterte das Boot. Geistesgegenwärtig klammerte sie sich an einen der Baumstämme. Etwas weiter unten, wo der Fluss über die Ufer trat und das flache Weideland und die Äcker überflutete, konnte sie loslassen und zu Fuss durch das kniehohe Wasser das trockene Land erreichen. Doch wo war er geblieben? Sie rief – doch keine Antwort kam.

Sie konnte nicht wissen, dass auch er mit dem Leben davongekommen und von einer jungen Frau gerettet worden war, die ihn bei sich in der Wohnung aufgenommen hatte. Sie hiess ihn heiss duschen, kochte ihm eine warme Suppe und gab ihm die frisch gewaschenen Kleider ihres Ex-Freundes, der sich vor ein paar Wochen aus dem Staub gemacht hatte. Er löffelte die Suppe, und sie schaute ihm dabei zu wie eine Mutter ihrem Kind. Sie verstanden sich auf Anhieb. Er rief seine Freundin an, die zwar wohlauf war, aber in ihrer gemeinsamen Wohnung um ihn bangte.

»Es ist alles in Ordnung. Ich komme nach Hause, sobald die Brücke wieder passierbar ist.«

Und statt tot im Flussbett liegend, fand er sich am nächsten Morgen im Bett seiner Retterin wieder.

Wo Grossvater ist

Die Böschung war eine Art Müllplatz. Marina hatte sich verlaufen. Überhaupt, was hatte sie hier zu suchen? Was wollte sie in dieser Stadt? Alles war schmutzig, verwahrlost, heruntergekommen. Die Menschen ärmlich gekleidet, abweisend. Niemand erwiderte hier ein Lächeln. Sie dachten wohl, die Fremde sei etwas durchgedreht. Was hatte sie sich denn erhofft? Hier ihren Grossvater zu finden, Spuren von ihm? Danach sah es nicht aus. Sie konnte ja nicht einmal die Sprache der Einheimischen sprechen. Hatte sie geglaubt, in dieser Industriestadt sprächen alle Englisch?

»How do you do, nice to meet you, can I help you?«

Nein. Da war nichts. Sie war überfordert und enttäuscht. Ging sie in der Stadt umher, so wurde sie schräg angesehen. Sass sie in ihrem Hotelzimmer, schlief sie im Stuhl ein. Die Heizung war voll aufgedreht, zischte und bullerte. Sie konnte lediglich das Fenster öffnen, doch dann wurde das Zimmer sehr schnell eiskalt, so dass sie befürchten musste, sich eine Lungenentzündung zu holen. Und was dann? Einmal hatte sie sich auf der arabischen Halbinsel eine Blasenentzündung eingefangen. Das war kein Zuckerschlecken gewesen. Aber immerhin war es dort wärmer. Mit der medizinischen Versorgung war es hier oben im Norden sicherlich nicht besser. Sie brauchte sich ja nur die Menschen anzusehen. Die hatten ja kaum genug zu essen. Sie war wieder im Stuhl eingeschlafen. Ihr Kopf hatte sich etwas nach vorne gesenkt. Sie zog sich um. Wenn ihr jetzt jemand gesagt hätte, das habe doch alles keinen Sinn und sie solle einfach wieder zurückfahren, wäre sie wütend geworden. Richtig wütend. Sie war nicht der Typ, der wegen ein paar Widrigkeiten aufgab. Sie würde schon jemanden finden, der ihre Sprache verstand. Wenn nicht, würde sie halt die Sprache der Einheimischen erlernen. Und falls ihr das Geld ausginge, würde sie arbeiten, nur um hier bleiben zu können. Und eines Tages würde sie wissen, was es mit Grossvater auf sich hatte.

Der Postbote

»Ich rede mit meinen Kunden, und ich sehe, dass ich oftmals derjenige bin, der sie zum wirklichen Nachdenken anregt. Das ist für viele Menschen Neuland. Ihre Gedanken kreisen immer nur um ihre eigenen Probleme; darum, wie sie sich durchsetzen können, wie sie zu Geld, Sex und Ansehen kommen.«

Ich konnte ihm nicht widersprechen. Oder besser gesagt, ich verspürte keine Lust, ihm meine Meinung zu diesem und jenem Thema ausführlich zu erörtern. Zudem wurde mein Hund unruhig. Ich fragte mich, wieso mir der Postbote dies alles hier vor meiner Haustür erklären musste. Konnte er mir nicht einfach die Post in die Hand drücken, und das war's?

»Gewiss, ich bin Briefträger. Aber es ist wohl nicht verboten, sich so seine Gedanken zu machen. Etwa Gedanken über Lärm. Dabei geht es nicht einfach um Autos, Flugzeuge, Maschinen, es geht auch um die Dauerberieselung in Einkaufszentren, in Flughäfen und neuerdings sogar in Kirchen durch unsichtbar montierte Lautsprecher. Was mich am meisten aufregt«, und dabei schwenkte er die für mich bestimmte Post in der Hand wie ein amerikanischer Pfarrer in der Kirche die Bibel, »was mich wirklich sauer macht, sind die Leute, die sich bei jeder Gelegenheit aufplustern müssen, die Unwichtigkeiten hochspielen und denen wir auch noch wie hypnotisiert Beifall klatschen sollen, bis wir alle verblödet sind. Schauen Sie sich doch einmal die Fernsehsendungen an. Kein Inhalt mehr, dafür umso mehr Lärm und Getöse.«

Das leise Knurren meines Hundes, eines Bergamaskers, ging in ein Bellen über. Er war sichtlich ungehalten und kratzte sogar von innen an der Haustür, was sonst nicht seine Art ist. Als ich die Tür öffnete, schoss er heraus und bellte den Briefträger an, wie das Hunde gerne machen. Vielleicht wollte er aber nur, dass ich mit ihm spazieren ging, anstatt so lange mit dem Postboten zu diskutieren.

»Sie sehen, ich sollte mit dem Hund spazieren gehen«, sagte ich und war irgendwie froh, das Gespräch so beenden zu können.

Der Postbote händigte mir endlich die an mich adressierten Briefe aus.

»Das ist gewiss nicht das Schlechteste«, hob er nochmals an, »wenn der Hund seinen Willen durchsetzt und Sie auf dem Spaziergang die Möglichkeit bekommen, über gewisse Dinge nachzudenken, vielleicht über Dinge, von denen wir gerade gesprochen haben.«

»Vor allem sehe ich nun auch für die anderen Bewohner dieser Strasse eine erhöhte Chance, dass sie heute noch zu ihrer Post kommen«, schloss ich, um das letzte Wort zu haben.

Das Tal

Wir sassen nackt da wie vorzeitliche Höhlenbewohner und genossen die kühle und feuchte Luft. Draussen wehte ein heftiger warmer Wind, der uns in kürzester Zeit vollkommen austrocknete. Das war hier nichts Aussergewöhnliches. Man sagte, die Menschen in diesem Tal seien deswegen auch etwas anders als andere. Sie hörten Stimmen, wo gar keine waren, und fluchten ohne ersichtlichen Grund. Selbst alte Frauen hörte ich immer wieder fluchen und wunderte mich, dass sie sich nicht schämten. Aber offensichtlich bemerkten sie es gar nicht. Die meisten Männer und einige der Frauen rauchten starke Zigaretten, bei denen der Tabak in einem Maispapier eingerollt war, wahrscheinlich weil in diesem Tal so viele Maispflanzen wuchsen. Das Rauchen im Freien war wegen der Brandgefahr allerdings strengstens verboten. Selbst bei vermeintlicher Windstille konnte jederzeit ein heftiger Windstoss von den Bergen herunterfahren. Da genügte schon ein kleiner Funke. Seit einmal ein ganzes Dorf niedergebrannt war, stand das Rauchen im Freien unter Strafe.

Annika hatte ein Jagdmesser dabei, dessen Klinge sie immer wieder mit ihren zarten Fingern berührte. War das nur eine Gewohnheit? Oder hatte das etwas zu bedeuten? Bei dieser Wetterlage geschahen in diesem Tal oft eigenartige, unerklärliche Dinge.

»Ziehen wir uns an, wir sollten am Abend oben bei der grossen Blockhütte sein, sonst wird dein Vater wieder wütend wie letztes Mal«, sagte ich. Annika nickte wie geistesabwesend.

Der Wind hatte etwas nachgelassen. Möglich, dass gegen Abend endlich wieder mal Regen fiel. Ich lauschte dem Klang unserer Schritte auf dem Kies. Hatte mir Annika etwas zugeflüstert? Ich war mir nicht sicher, denn ich hörte auf meinem rechten Ohr seit jenem Tag nicht mehr so gut, als ich mit Annikas Vater auf der Jagd war. Ich befand mich damals zu nahe bei seinem Gewehr, als er abdrückte.

»Was meinst du, fällt heute noch Regen?«, fragte ich Annika, doch nun schien sie es zu sein, die nichts hörte. Vielleicht wegen des Wasserfalls. Die meisten Talbewohner behaupteten, das absolute Musikgehör zu haben, jeden Ton exakt bezeichnen zu können, was mich ordentlich erstaunte, da ja meistens dieser warme Wind blies, der einen beinahe in den Wahnsinn trieb. Es sei genau wegen diesem Wind, beharrten sie; sie hätten mehr als dreissig verschiedene Wörter für all seine Variationen. Wie ich aber schon oft bemerkt hatte, hörten die meisten Bewohner gar nicht besonders gut, oft musste ich deswegen sogar Sätze wiederholen. Vielleicht war es, weil sie sich darauf konzentrierten, welche der über dreissig Windvariationen sie im Augenblick hörten.

Wir gingen an den Häusern des Dorfes vorbei. Ich sah in den Wohnzimmern Gardinen, die sich ruckartig bewegten, wie Epileptiker bei einem Anfall. Hinten im Tal standen ein paar Kühe im Schatten eines Erlenwaldes. Die Erde war dunkel, teilweise nass. Einzelne Blumen mit riesigen gerippten grünen Blättern und kleinen dunkelgelben Blüten säumten unseren Weg. Das Wasser des Gebirgsbachs floss hier über grosse weisse Steine, so als wollte es diese liebkosen. Wir hüpften darüber. Als wir das Seitental hochstiegen, roch es nach Tannenharz. Wenn wir nicht hinfallen wollten, mussten wir auf die Wurzeln, die über den Weg liefen, achten. Ich hätte Annika jetzt fragen können, was sie mir beim Wasserfall hatte sagen wollen, doch ein Geruch lag in der Luft, der mich in die Vergangenheit zurückversetzte.

Wir wohnten damals in der Stadt. Ich war kaum sechs Jahre alt, als mein Vater, der in einer Kräuterhandlung arbeitete, beschuldigt wurde, unter dem Tisch auch halluzinogene Pflanzen verkauft zu haben. Er sei ein Drogenhändler, hiess es. Mein Vater wehrte sich gegen die Anschuldigungen, war kurz in Untersuchungshaft, wurde aber bald wieder entlassen, da man ihm nichts nachweisen konnte. Ich erinnere mich an meinen Onkel, der meistens grinsend in einer Ecke gleich neben dem Kamin sass. Kaum war Vater inhaftiert, war er wie ein umgedrehter Handschuh: griessgrämig schlurfte er durch die Wohnung, nichts war ihm recht. Da fragte ich mich, ob mein Vater unseren Onkel nicht bis anhin mit Drogen versorgt hatte? Auf jeden Fall ihn, wenn nicht noch andere in unserer Stadt. Seine Arbeitsstelle war Vater jedenfalls los, und er fand auch keine neue, weil man ihm nicht mehr über den Weg traute. Wir mussten wegziehen und kamen in dieses Tal, in das niemand freiwillig zieht. Und manchmal wünsche ich mir, hier wegzukommen. Ja, wenn ich gross bin, will ich weg aus diesem Tal, hinaus in die Welt.

Das Haus am Fluss

»Also, was ist passiert?«

»Nichts Besonderes«, antwortete Susanna.

Mike zog eine Schachtel Zigaretten aus der Brusttasche, steckte sich eine Kippe in den Mund und zündete sie mit dem Feuerzeug an. Er nahm einen tiefen Zug. Er schwitzte, obwohl es noch nicht Sommer war. Als er den Rauch ausblies, war das wie ein klarer Gedanke.

»Und wieso kommst du zu mir?«

»Weil, ich weiss auch nicht…« Sie schaute zum Fenster hinaus. Autos fuhren vorbei wie brummende Tiere mit leuchtenden Augen.

»Weil ich dein Bruder bin?«

»Ja, weil ich dich wieder mal sehen wollte«, bestätigte Susanna nach einer Weile. Sie sass nun im Schneidersitz auf dem Boden.

»Weisst du noch, damals?« fing sie an.

»Du meinst, das Haus am Fluss?«

Sie nickte.

»Warst du wieder mal dort«, wollte sie wissen.

»Ach ja, letzten Sommer. Dort hausen jetzt ein paar junge Leute aus der Stadt, kiffen und hängen rum. Nachts hören sie laute Musik und vögeln, wenn ihnen danach ist. Verstehst du das? Das war doch unser Spielplatz, unser Geheimnis.«

»Ja, schade. Dann geh ich dort wohl besser nicht hin. Ich möchte das Haus so in Erinnerung behalten, wie ich's das letzte Mal gesehen habe.«

Er nickte.

»Willst du einen Tee?«

»Gerne.«

Sie sassen da und schwiegen. Etwa nach einer Stunde sagte sie: »Ich muss los. War schön, dich zu sehen.«

»Ja, war schön.«

Der Schulfreund

Ich konnte das nicht begreifen. Er hatte diesen Sprachfehler, wurde von den andern gehänselt, und als ob das nicht schon genug wäre, war er jetzt nicht mehr da. Ich konnte es nicht glauben. Ja, ich war mir sicher, dass uns der Lehrer – aus welchen Gründen auch immer – anlog. Daniel hatte wohl nur seine Sommerferien etwas verlängert. Eines Tages sässe er wieder in seiner Schulbank, und nachmittags träfe ich ihn ganz einfach auf der Strasse. So war es denn auch. Es war wohl etwa fünf Monate nach seiner Beerdigung. Was genau sie da im Sarg in das Erdloch gesenkt hatten, war mir nicht klar. Jedenfalls sah ich ihn vor mir auf dem Gehsteig gehen, kaum zehn Meter von mir entfernt. Er schaute dann und wann zum Fluss und schoss Eiszapfen, die er vom Geländer brach, hinunter, so dass sie auf dem vereisten Fluss zerspritzten. Wenn ich schneller ging, ging auch er schneller, und wenn ich langsamer ging, ging auch er langsamer. Ich wollte ihn rufen, doch ich brachte keinen Ton heraus. So ging das längere Zeit. Ich überlegte mir, ob das alles nicht nur ein Traum war, doch dann musste Daniel an der Kreuzung bei der Fussgängerampel anhalten. Das war meine Chance. Ich rannte die paar Meter und stand nun keuchend direkt hinter ihm. Ich zupfte ihn am Ärmel. Ganz ruhig drehte er sich um, schaute mich an und sagte: »Schön, dass wir uns noch einmal sehen können. Alles ist gut.« Eigenartigerweise bewegte er beim Sprechen die Lippen nicht, so wie ein Bauchredner. Als die Ampel auf Grün schaltete, ging er los, und ich blieb stehen. Ich konnte einfach nicht weitergehen. Er schien sich noch im Gehen aufzulösen, gerade so, als verlöre sich seine Silhouette im Nebel. Da war aber kein Nebel. Die Luft war eisig kalt und frisch, wie sie es nur im Januar sein kann. Jedenfalls, und das sah ich ganz deutlich, kam er auf der anderen Strassenseite nicht an.

Der Offizier

Draussen war die Luft dumpf und diesig. In jenem Sommer herrschte eine extreme Hitze, selbst nachts konnte man kaum schlafen. Von Ferne hörte ich das Geräusch von Güterwaggons. Ich betrat das Geschäft, ohne dass ich wirklich etwas einkaufen musste. Vor dem Eingang war ein Korb gefüllt mit prallen Wassermelonen. Ich stellte mir vor, wie ich sie vom obersten Stockwerk runterwerfe und sie zerplatzen, das rote Fruchtfleisch, die Kerne als kleine Geschosse. Kriegsphantasien geisterten durch meinen Kopf, die in erotische Phantasien übergingen. Eine Katze strich um die Beine des Verkäufers. Dieser trug eine lange, grauschwarz gestreifte Schürze und sprach mit dem Tier wie mit einem Kleinkind. Seine Frau konnte keine Kinder bekommen, das wussten hier alle. Ich schaute mir die Lippenstifte an und kaufte einen dunkelroten, obschon ich in meiner Handtasche noch einen fast neuen hatte. Durch die Schaufensterscheiben sah ich, wie ein paar Strassenkinder versuchten, eine Touristin auszurauben. Offensichtlich eine Amerikanerin. Durch die Scheibe war das wie im Kino, nur ohne Ton. Es liess mich seltsam unberührt. Ich kaufte mir auch noch Zigaretten.

Beim Hinausgehen stiess ich einen älteren Mann leicht an. Sein Haar war offensichtlich schwarz gefärbt und kurz geschnitten, er trug eine Nickelbrille. Der braunen Farbe seiner von der Sonne gegerbten Haut nach zu schliessen, hatte er in seinem Leben viel im Freien gearbeitet. Oder in der Sonne gelegen. Er trug ein Polohemd und darüber ein marineblaues Baumwoll-Sportjackett. Er hatte etwas von einem Matrosen. Vielleicht war er sogar ein Offizier. Ich gehörte wohl zu der Sorte Frauen, die Seeleute und Offiziere liebten. Sie zogen mich unwiderstehlich an. Und ich liebte Uniformen, meine Lieblingsfarbe war blau.

Weil ich Hunger hatte, ging ich im Restaurant gleich um die Ecke eine Kleinigkeit essen. Hier beobachtete ich, wie

sich ein schlaksiger Mann offensichtlich der falschen Tisch-
gesellschaft anschloss. Weil er ein guter Unterhalter war, fiel
das nicht weiter auf. Ich hätte das nie können. Mich bei wild-
fremden Menschen lieb Kind machen.

Als mir mein Offizier, ein noch jung aussehender Mann,
in der folgenden Woche zu Beginn seines Urlaubs mitteilte,
dass es vorbei sei, war ich nicht überrascht. Nicht am Tele-
fon, nein, er kam in meiner Wohnung vorbei. Ich sei so teil-
nahmslos geworden, meinte er. Ich wusste selbst nicht, was
mit mir los war. Bei dieser Hitze konnte ich keinen klaren
Gedanken fassen. Erst später bemerkte ich, dass er unser ge-
meinsames Fotoalbum mitgenommen hatte. Vielleicht war
er nur deswegen vorbeigekommen? Jedenfalls blieb mir kein
einziges Bild von ihm. Doch eigenartigerweise liess mich auch
das kalt.

Eine einzige Chance

Als Argyle zum Fenster trat und hinausschaute, war der Garten mit der grossen Eiche von einem feinen weissen Flaum bedeckt. Kleine Schneeflocken tanzten durch die Luft, um sanft auf dem Boden aufzusetzen. Er kannte viele Menschen, dachte er. Manche hatte er nur einmal getroffen und danach nie wieder. Der erste Schnee erinnerte ihn wie jedes Jahr an Irma. Er hatte sie nur einmal gesehen, als er sich in Glasgow neue Schuhe gekauft hatte. Full-Brogue hiessen sie. Ursprünglich hätten schottische und irische Hirten, die ihre Schafe oft in sumpfigen Gegenden weiden liessen, Löcher in ihre Schuhe gestanzt, damit das Wasser rauslaufen und die Schuhe über Nacht besser trocknen konnten, hatte ihm die Verkäuferin Irma erklärt, die, was hier eine Seltenheit war, blondes Haar hatte. Heutzutage seien die Löcher kleiner geworden und nur noch zur Zierde da. Ein idealer Sport- und Freizeitschuh, der übrigens früher auch von Adligen auf der Jagd getragen worden sei. Argyle war beeindruckt von ihrer Sachkenntnis. Die Schuhe passten ausgezeichnet zu ihm: Sie liessen ihn sportlich aussehen, und er wurde sich wieder einmal bewusst, dass durch seine Adern blaues Blut floss.

Auf seinem Landsitz angekommen, fragte er sich am Kaminfeuer sitzend, wieso er Irma nicht gefragt hatte, woher sie komme, welchen Ursprungs ihr Name sei und was es mit ihrem charmanten Akzent auf sich habe? Im Jugendstilcafé ein paar Häuser weiter hatte er nach seinem Schuhkauf, das Gespräch von zwei Kundinnen belauschend, erfahren, dass es der letzte Arbeitstag der blonden Verkäuferin war. Am Nachmittag fliege sie bereits nach New York, wo sie bei Onkel und Tante wohnen könne. Die Scheiter knisterten im Feuer. Er hätte sich ohrfeigen können.

Kreislauf

Seine Schwester und er teilten sich ein Zimmer. Wenn er sich unpassend benommen oder seine Schwester geschlagen hatte, so dass sie weinend zu den Eltern lief, sagte immer zuerst die Mutter zum Vater, dass er nicht so stumm dasitzen solle, er habe doch auch eine Meinung zum Ganzen, er solle auch mal etwas tun, Verantwortung übernehmen, ein Machtwort sprechen. Etwas tun konnte für ihn als Mann aber nichts anderes bedeuten, als den Sohn zu bestrafen, ihn zu schlagen. In der Meinung, seine Frau wolle das so, versohlte er seinem Sohn gehörig den Hintern. Dieser begann zu schreien und zu weinen, was den Vater noch wütender machte.

»Was bist du doch für eine Heulsuse«, rief er. »Du bist jetzt augenblicklich still«, schrie er ihn im Takt der Schläge an, bei jedem Schlag eine Silbe, so dass er selbst vollkommen ausser Atem kam.

»Lass mein Kind in Ruhe«, schrie nun seine Frau ihrerseits, »du kannst ja nur dreinschlagen. Kannst du eigentlich nichts anderes?«

Jetzt hielt er inne.

»Ein vernünftiges Gespräch führen, ein Vorbild sein, dich wie ein normaler Vater aufführen? Wie wäre es damit? Aber nein: schlagen, schlagen, schlagen! Willst du wie dein eigener Vater enden? Ich brauch dir wohl nicht zu erklären, wie das bei ihm war.«

Das sass. Das traf ihn. Er kam sich nun beinahe so hilflos vor wie sein Sohn. Was sollte er tun? Seine Frau anschreien? Nur zur gut wusste er, wie das beim letzten Mal gewesen war:

»Willst du mich jetzt auch noch zur Schnecke machen?«, hatte sie ihm mit gedrosselter Stimme vorgeworfen. »Wenn nicht gegen die Kleinen, dann gegen die Grossen? Ist es das?«

Daraufhin packte er sie an beiden Schultern und fragte mit heiserer Stimme: »Was willst du denn, dass ich tue, was erwartest du?«

»Lass Mami los«, versuchte nun die kleine Tochter den Vater von der Mutter wegzuzerren.

»Ich spreche mit deiner Mutter«, herrschte sie ihr Vater an und schubste sie weg.

»Lass meine Kinder in Ruhe, und vor allem lass mich in Ruhe! Lass endlich los!«

Als er von ihr abliess, doppelte sie nach: »Hau doch endlich ab! Halt deinen Kopf doch in einen Brunnen, bis du wieder bei Sinnen bist. Oder lass ihn doch gleich drin! Dann gibt es einen Rabenvater und schlechten Ehemann weniger auf der Welt.«

Er verliess das Haus, betrank sich in einer Bar, torkelte durch die Nacht und schlief auf irgend einer Parkbank ein. Anderntags ging er direkt zur Arbeit. Abends kam er reuig zurück zu Frau und Kindern. Alle hatten sich beruhigt. Alle strengten sich an, ein harmonisches Familienleben zu führen. Es war noch kaum eine Woche vergangen, da begann die Geschichte von vorne.

Schlafende Schmetterlinge

Es war eine dieser lauen Nächte, vom betörenden Duft von Tausenden von Blumen erfüllt. Der volle Mond hing wie ein Lampion vom Himmel. Die zwei Verliebten schlenderten dicht umschlungen durch den Park, blieben immer wieder stehen und küssten sich leidenschaftlich. Hinter der grossen Magnolie, von Farnwedeln abgeschirmt, liebten sie sich auf einem weichen Beet von Moos. Anschliessend gingen sie in einem Gartencafé Gin trinken. Später liebten sie sich in seiner Wohnung nochmals.

Mitten in der Nacht erwachte sie, sah ihn ruhig atmend neben sich im Bett liegen, stand auf und schaute zum Fenster hinaus, wo sie sich selbst über den Weg gehen sah; der Sand knirschte unter ihren Füssen. Sie stand wie gebannt am Fenster. Sie sah sich selbst näher zum Haus kommen. Sie wartete, denn sie wollte ihr Gesicht sehen, ihr eigenes Gesicht. Sie wollte sicher sein, dass es wirklich ihr Gesicht war. Doch die Frau auf dem Kiesweg ging immer langsamer, etwas schien sie zurückzuhalten. Versuchte jemand, sie mit einem unsichtbaren, an ihrem Rücken befestigten Seil zurück auf die Strasse zu ziehen? Sie stand am Fenster, wurde immer müder, konnte kaum noch stehen und wollte zurück ins Bett, doch sie wollte den Augenblick nicht verpassen, wenn ihr Gesicht im Lichtkegel der Laterne sichtbar werden würde. Sie musste wach bleiben, doch ihre Augenlider klappten immer wieder zu. Es kam ihr vor, als wären ihre Augen Schmetterlinge, die Augenlider die Flügel. Schlafende Schmetterlinge, dachte sie, schlafende Schmetterlinge.

Prüfungstermin

Ausgerechnet an diesem Morgen sprang die Kette, kaum dass er losfuhr, aus dem Kranz. Beim Versuch, sie wieder aufzuziehen, machte sich Leo die Hände schmutzig. Mit ölverschmierten Händen konnte er unmöglich an die Prüfung. Er schob das Fahrrad zurück in den Schuppen, wo er feststellen musste, dass sich die Kette nun sogar komplett verhakt hatte. Er reinigte seine Hände. Auf seiner Stirn perlten Schweisstropfen, an denen sein blondes Haar zu kleben begann. Er war fit, also würde er zu Fuss gehen, im Laufschritt. Noch im Rennen streckte er seinen Daumen Richtung Fahrbahn, doch keiner der Autofahrer wollte anhalten und ihn mitnehmen. Wohin mussten sie alle nur so dringend? Hatten sie überhaupt eine Vorstellung davon, wie wichtig dieser Tag für ihn war?

Um sieben Uhr hatte er als erster auf dem Postamt sein wollen, doch nun war er schon mehr als eine Viertelstunde im Verzug. Es hatte sich bereits eine lange Schlange gebildet. Er musste den Brief aber sofort haben, sonst verpasste er den Zug, und wenn er den Zug verpasste, kam er zu spät zur Prüfung. Wer zu spät kommt, wird nicht mehr reingelassen. Da gab es keine Ausnahme. Und das wusste er.

»Könnten Sie mich ausnahmsweise wegen einer dringenden Sache vorlassen«, fragte er die in der Reihe Stehenden, »es ist für mich existentiell.«

»Existentiell? Wie das tönt!«, wies ihn ein älterer Herr zurecht. »Für wen halten Sie sich, dass Sie glauben, sich mit solchen Fremdwörtern eine bessere Position in der Warteschlange ergattern zu können? Sie sind wohl ein hochnäsiger Student, der meint, ein feiner Herr zu sein. Nach Abschluss des von unseren Steuergeldern finanzierten Studiums verdienen Sie so viel Geld, dass Sie sich nicht mehr hierher bemühen müssen. Dann schicken sie ganz einfach einen Dienstboten.

Der wüsste dann allerdings, was Anstand ist. Alles schön der Reihe nach. Wenn Sie sich bitte wieder brav hinten in die Reihe stellen würden.« Die anderen in der Warteschlange nickten. Eine ältere Dame klatschte sogar etwas verhalten Beifall.

Musste er sich das Geschwafel wirklich anhören? Ohne den Brief würde er bei der Prüfung durchrasseln. Kapierten sie das denn nicht? Blind vor Wut und Verzweiflung drängte er sich bis zum Schalter vor.

»Was erlauben Sie sich!«, herrschte ihn die Postbeamtin an. »Wenn sich da jeder vordrängeln würde, hätten wir hier bald die reinste Anarchie. Sie gehen zurück und warten, bis Sie an der Reihe sind, junger Mann.«

Leos Kopf lief rot an: »Nein, Sie geben mir jetzt den Brief oder...«

»Oder was?«

Leo nestelte in seiner Tasche. Taschenrechner, Zirkel, Massstab, ach, da war es, das Klappmesser, das er immer bei sich trug, um damit Briefe zu öffnen oder Äpfel zu halbieren.

»Dann wird hier Blut fliessen, viel Blut wird fliessen.«

Die Beamtin, die ihn dem Namen nach kannte, wurde kreidebleich, holte den Brief und händigte ihn augenblicklich aus. Leo ergriff ihn – wie ein Raubtier mit scharfen Zähnen einen Hasen – und rannte so schnell er konnte zum Bahnhof. Der Zug war schon am Anfahren, doch er zwängte sich noch hinein. Schweissüberströmt setzte er sich hin.

Als er den Brief öffnete, musste er allerdings feststellen, dass er nicht die Lösungen der Prüfungsaufgaben enthielt, wie er dies erwartet hatte. Er kam von seiner Tante Helga. Paul, sein Onkel, habe kurzfristig ins Krankenhaus eingeliefert werden müssen. Er sei operiert worden, und es daure wohl zwei bis drei Wochen, bis er wieder auf dem Hof arbeiten könne. Er, Leo, sei doch in den Schulferien oft bei ihnen gewesen, ob es ihm nicht möglich wäre, ihr für ein paar Wochen zur Hand zu gehen? Die Kühe, die Schweine, die Schafe, die Arbeiten im Haus, sie schaffe das alleine einfach nicht. Und Geld habe sie auch keines, um eine Arbeitskraft einzustellen.

Leo wusste nicht, was er tun sollte. Die Prüfung würde er ohne die Lösungen keinesfalls schaffen. Und wenn er wieder zurück ins Städtchen ging, würde da wahrscheinlich schon die Polizei auf ihn warten. Beleidigung einer Amtsperson, Nötigung, Bedrohung mit einem Messer. Auf dem Bauernhof würde ihn niemand suchen. Und von Landwirtschaft verstand er was. Ein richtiger Akademiker würde er wohl sowieso nie werden. Dafür hatte er einfach nicht den Grips. Und wer weiss, dachte er, vielleicht würde er auf dem Bauernhof ja sein Glück finden.

Blutroter Fuchs

Wir arbeiteten damals zusammen in derselben Fabrik, wo wir Autos zusammensetzten. Ich sollte eigentlich in der Entwicklungsabteilung arbeiten, doch mein Chef fand, ich solle mich zuerst ein paar Wochen in der Produktion betätigen, um mich dort mit den technischen Aspekten bei der Montage vertraut zu machen. Dort lernte ich einen Italiener namens Pedro kennen. Zur Arbeit kam er immer mit seinem alten schwarzen Fahrrad. Er wollte kein Geld für ein Auto und Benzin ausgeben, da er in Italien ein Haus für seine Familie bauen wollte. In der Pause holte er meistens eine Kokosnuss aus seiner Tasche, bohrte sie an, goss die Milch in einen Becher und trank. Danach ging er vor wie ein Sprengmeister. Er bohrte nämlich mehrere Löcher entlang einer Kreislinie – eine veritable Äquatorialbohrung. Nun brauchte es kaum noch Kraft, um sie zu halbieren. Er löste das weisse Fleisch von der harten Schale und begann zu essen. Er bot auch mir davon an. An anderen Tagen brachte er Bananen mit, manchmal Ananas, Mangos, Erdnüsse oder Mandarinen. Dabei erzählte er oft von seinem Bruder Luigi, in dessen Lagerhallen für Südfrüchte er abends noch ein paar Stunden als Gabelstaplerfahrer arbeitete, um sein Gehalt aufzubessern. Die Früchte bekam er gratis, und es freute ihn, uns das, was er nicht essen konnte, zu überlassen.

Es geschah an einem Freitag im November. Die Temperaturen lagen ein wenig unter Null, die Strasse war trocken. Pedro legte wie gewohnt eine Kokosnuss in seine Umhängetasche, fütterte die Kaninchen, holte sein Fahrrad aus dem Schuppen und steckte seine Tasche in den Korb, den er auf dem Gepäckträger befestigt hatte. Ein paar verblassende Sterne funkelten am Himmel. Es kündigte sich ein klarer Tag an. Kurz bevor er das Fabrikareal erreichte, bemerkte er, dass er der Linie verlustig ging, der entlang alles ideal rollt, was jeder Seiltänzer weiss. Und alsbald schmeckte er Erde, Asphalt. Es war das Rot eines Fuchses, das er sah, als er mit dem Kopf aufschlug.

Wie sich später herausstellte, war der hungrige Fuchs mitten in der Nacht durch ein angelehntes Fenster in die Küche des kleinen Pförtnerhauses beim Eingang des Fabrikareals gelangt, wo er allerdings nicht viel Essbares vorfand. Wohl durch die Geräusche und das Gejohle einiger Betrunkener aufgeschreckt, flüchtete er. Dabei touchierte er durch die Küche trabend einen auf der Fensterbrüstung stehenden Blumentopf mit Herbstastern, welcher im Fallen den Wasserhahn leicht zu drehen vermochte, bevor er im Spülbecken zerbarst. Die lehmige Erde verstopfte den Abfluss, so dass es nicht allzu lange dauerte, bis das Spülbecken überlief. Das Wasser suchte sich seinen Weg über den Küchenboden, floss weiter durch die Katzenschleuse über die Terrasse, tropfte auf den Zufahrtsweg und von dort bis auf die Strasse, wo sich gegen Morgen eine feine, kaum sichtbare Eisschicht bildete, in der sich die Sterne spiegelten. Hätte sich der Fuchs auf der Flucht mit den Pfoten nicht so unglücklich im Maschendraht, der als Schutz vor kratzenden Katzen um den Stamm eines jungen Quittenbaumes gelegt worden war, verfangen, so dass er nicht mehr loskam, wäre Pedros Kopf mit voller Wucht auf den Stamm aufgeschlagen – und nicht auf dem weichen Fell und Körper des Fuchses. So hatte der Fuchs durch seinen Tod Pedros Leben gerettet. Ein Menschenleben, das der Fuchs durch sein Verhalten selbst in Gefahr gebracht hatte.

Regenwetter

Draussen herrschte an jenem Abend ein Sauwetter. Es war eigenartig. Bei Regenwetter konnte Gabriel viel besser denken als sonst. Es war, als ob das vom Himmel fallende Wasser nicht nur Häuser, Strassen und Bäume vom Staub befreite, sondern auch sein Gehirn reinigte und allen Ballast wegfegte. Vielleicht wurde er dadurch auch gesprächiger. Ein Regenschirm verdeckte ihr Gesicht. Doch er erkannte sie sogleich. Sie trug einen langen Mantel aus wasserweisendem Material.

»Hallo«, begann er. Madeleine drehte sich um und starrte ihn mit funkelnden Augen an. Was hatte er sagen wollen? Seine Wangen glühten, schienen zu brennen.

»Ein Sauwetter heute, nicht wahr?«, begann er.

»Ich liebe Regen, gibt es etwas Schöneres?«, antwortete Madeleine.

Er konnte jetzt schlecht sagen, er fände Regen auch toll, sonst dachte sie wahrscheinlich, er ändere andauernd seine Meinung, auf ihn sei kein Verlass. Bewundern, er musste etwas an ihr bewundern, aber was? Ihre klaren Augen? Ihre hohe Stirn? Ihren Regenschirm? Nein, Blödsinn. Es musste von Herzen kommen, dachte er.

»Das bewundere ich, wenn jemand den Regen liebt.« Etwas Besseres fiel ihm nicht ein.

»Ja, dieses Prasseln, diese Bäche auf der Strasse. Als Kind hüpfte ich in jede Pfütze. Meine Eltern sagten, ich sei etwas verrückt. Ich sei ihre kleine Wilde. Ist das nicht lieb? Ihre kleine Wilde.«

»Ich erinnere mich, als ich noch ein kleiner Bub war«, begann Gabriel etwas verhalten, »da sass ich bei Regen ganz dicht beim Fenster und lauschte auf das Trommeln des Regens. Ich versuchte, mit meinen Fingern dort die Scheibe zu berühren, wo ein Tropfen hinfiel. Das waren natürlich viel zu viele. Meine Mutter sagte jeweils, ich spiele Klavier mit dem Regen.«

Madeleine nickte.

Eine verrückte Woche

Niemand machte Bernd auf die kleine Wunde an seinem Kinn aufmerksam. Eine schmale, vertrocknete Spur roten Blutes, höchstwahrscheinlich vom Rasieren. Er bemerkte das verkrustete Blut erst am Abend. Er nahm sich vor, ab jetzt jeden Morgen, bevor er das Haus verliess, in den Spiegel zu schauen. War seine Brille schmutzig, klebte Zahnpasta an seinen Lippen, hing ein Popel aus seinen Nasenlöchern? Nein, an diesem Morgen war alles in Ordnung. Er fragte sich allerdings, wie oft er schon etwas im Gesicht gehabt hatte, ohne dass ihn im Büro jemand darauf aufmerksam gemacht hatte. Wetteten seine Kollegen womöglich, was er heute wieder im Gesicht hatte? Hatte er deswegen vielleicht sogar einen Übernamen? »Klecker-Bernd« etwa oder »Bernd, der Schmierer?« Vielleicht sogar »Unser Hausschwein«? Er hoffte nicht.

Von nun an klappte es prima. Das Gesicht war sauber, der Anzug sass, die Schuhe waren poliert. Jedenfalls bis zu jenem Tag – es war ein Montag –, als er sich bei der Nassrasur wieder schnitt. Er hielt ein Papiertaschentuch gegen die blutende Stelle, doch es dauerte ziemlich lange, bis kein Blut mehr floss. Da war er aber schon spät dran. Er ging wie jeden Wochentag zu Fuss durch einen mit Linden bestandenen Park zur Arbeit, als er die Kirchturmuhr acht Uhr schlagen hörte; es kam ihm so vor, als wollte ihn die Glocke verhöhnen. Wenn er nun rannte, käme er verschwitzt an, möglicherweise flösse sogar wieder Blut. So ging er zügig, aber nicht allzu schnell und kam eine Viertelstunde zu spät an seinen Arbeitsplatz. Es fiel nicht weiter auf. Es kam immer wieder mal vor, dass jemand nicht zur vorgeschriebenen Zeit zu arbeiten begann. »Im Stau stecken geblieben, der Zug hatte Verspätung«, das waren die meistgenannten Gründe.

Anderntags stand er etwas früher auf und rasierte sich gleich als erstes. Alles lief nach Plan. Als er schon draussen vor der Wohnungstür stand, wo er die Nachbarin antraf, die mit ihrem Hund Gassi ging, spürte er ein Jucken im Gesicht, schloss wieder auf und stellte sich vor den Spiegel: Alles war in bester Ordnung. Unten vor dem Haus fragte er sich, ob er beim zweiten Verlassen der Wohnung die Tür wirklich zugeschlossen hatte. Er ging wieder zurück. Geschlossen. Sicherheitshalber ging er nochmals in seine Wohnung und schaute kurz in den Spiegel. Alles perfekt. Er schloss die Wohnungstür ab und verliess das Haus. Die Nachbarin, die mit einem Kotbeutel in der Hand wartete, bis ihr Hund sein Geschäft erledigt hatte, grüsste ihn nicht noch ein drittes Mal, sie nickte oder schüttelte nur den Kopf voll Unverständnis.

Als Bernd das Bürogebäude betrat, sah er auf der Uhr, dass es wieder Viertel nach acht war. Er probierte ruhig zu bleiben. Einige drehten sich nach ihm um und tuschelten. Was sie sagten, konnte er nicht verstehen. Sonst geschah nichts.

In der Nacht auf Mittwoch wachte er nachts immer wieder auf, weil er befürchtete, den Wecker zu überhören. Das war zwar noch nie vorgekommen, aber es hätte ja sein können. Als er dann wirklich rasselte, war Bernd ziemlich müde. Heute verlief alles bestens. Er verliess das Haus um 7.40 Uhr. Als er sich auf seinen Bürostuhl setzte, bemerkte er mit Entsetzen, dass er seine Mappe zu Hause vergessen hatte. Das war ihm noch nie passiert. Um zehn Uhr hatten sie Sitzung. Unter dem Vorwand, es sei ihm unwohl und er müsse mal kurz an die frische Luft, verliess er das Gebäude, holte die Mappe und war rechtzeitig zurück.

Am Donnerstag wollte er nichts anbrennen lassen. Gesicht in Ordnung, Anzug tadellos, Schuhe blank, Mappe dabei, Türe zugesperrt. Rechtzeitig traf er ein. Er war den ganzen Tag über beschwingt. So wie es aussah, hatten sich jedoch ein paar der anderen Mitarbeiter verspätet, sie kamen nämlich erst um neun Uhr. Das beruhigte ihn, er war also nicht der Einzige, der manchmal zu spät kam. Zufrieden lag er spät abends im Bett, wie damals als Kind, wenn ihm alles gut gelungen war. Kurz bevor er einschlief, fiel ihm plötzlich der Grund für die Verspätung einiger Mitarbeiter ein: die monatliche Sitzung. War er dazu nicht auch eingeladen gewesen? Im Schlafanzug trat er hinaus auf den Flur, schnappte sich die lederne Mappe, öffnete sie und nahm das Vormerkbuch heraus: tatsächlich. Er hatte die Sitzung verpasst. Schweiss perlte auf seiner Stirn. Das durfte nicht wahr sein. Und niemand hatte ihm etwas gesagt. Sie hatten ihn doch am Pult sitzen sehen, als sie zurückkamen, aber keiner sagte auch nur ein Wort. Er hatte sich lediglich über ihre teilnahmslosen Gesichter gewundert.

In dieser Nacht überlegte er hin und her, wie er das seinem Chef erklären sollte. Der war am Vortag gleich nach der Sitzung zu einer wichtigen Besprechung in die Hauptstadt gefahren. Sollte er es mit einer Ausrede versuchen? Oder ihm die Wahrheit sagen? Die Wahrheit, nein, da musste er ihn ja für einen ausgemachten Volltrottel halten. Vielleicht eine beginnende Grippe? Ja, er würde sich krank melden und dabei betonen, dass er schon am Vortag Fieber und Schwindelgefühle gehabt habe, weswegen er nicht an der Sitzung habe teilnehmen können. Ja, so würde er das machen, punkt acht würde er telefonieren. Und dann wäre diese schreckliche Woche endlich bald vorbei. Was er nicht wusste, war, dass sein Chef ausgerechnet in dieser Woche seine Mitarbeiter auf Weisung von ganz oben zu beurteilen hatte. Vor allem auf korrektes Auftreten und Pünktlichkeit hatte er dabei zu achten.

Ganz natürlich

Für Ende April war der Tag ausserordentlich mild. Die Träger waren Antonia von den Schultern gerutscht. Auf Männer machte das Eindruck. Vor allem auf ihren. Auch wenn ihre Haare mal nicht in Ordnung waren, fand er das »sexy«. Sie war jedenfalls nicht der Typ »alles perfekt«. Geschminkt, gecrèmt, gepudert, Haare gefärbt, Nägel gestylt. Sie konnte das auch, wenn sie wollte, doch sie wollte das nicht. Nicht immer. Nur manchmal.

Heute war Antonia in die Stadt gefahren, um sich neue Kleider zu kaufen. Das brauchte sie gelegentlich, raus aus der Kleinstadt, andere Gesichter, sich allein und frei bewegen können.

Am Bahnhof dösten viele Menschen auf den Bänken. Irgendwas mit dem Zug nach Paris war schief gelaufen. Der steckte irgendwo fest. Ein Hund trottete hechelnd vorbei, ohne dass jemand von ihm Notiz genommen hätte. Nicht so einer wie der alte Jagdhund vom alten Kellerhals, auf den alle sauer waren, weil er die Angewohnheit hatte, seine Knochen in verschiedenen Privatgärten, neuerdings auch in öffentlichen Grünanlagen, zu vergraben. Jagdhunde sollten doch lebende Tiere aufspüren und vor die Flinte der Jäger treiben und nicht Knochen von toten vergraben, dachte Antonia. Wie es der Zufall so wollte, traf sie am Bahnhof eine Freundin von damals. Sie tranken Kaffee, schauten den Passanten zu und schwärmten von den guten alten Zeiten, etwa von Patti Smith, die sich auf der Bühne noch heute wie ein Rotzlöffel gebärde, auf den Boden spucke und es liebe, die Saiten aus ihrer Gitarre zu reissen. Sie sänge immer noch wie eine Göttin, lobten sie die Frau, nicht wie gewisse ältere Herren der Rockgeschichte, die ihrer Meinung nach mindestens in dieser Hinsicht versagten.

Sie hatten den Kaffee noch nicht ausgetrunken, da kam Leben in die Menschen auf den Sitzbänken, weil der Zug endlich einfuhr; hastig stiegen sie ein. Als der Zug mit einem Ruck anfuhr, erinnerte sich Antonia an den Campingplatz, wo sie vor ein paar Jahren einen jungen Mann kennen gelernt hatte, einen Holländer, der sie noch an demselben Abend draussen in der freien Natur vögelte, während sich Johannes, ihr Ehemann, im Wohnwagen ein Fussballspiel anschaute. Von wegen, alle Männer interessieren sich nur für Fussball! Der Säugling hing ein Jahr später an ihrer Brust. Ihr Mann war mächtig stolz auf den Kleinen, auch wenn er mehr ihr denn ihm glich. Johannes war ein Bulle von einem Mann mit viel Haaren auf der Brust. Und sie liebte ihn. Doch ab und zu, wenn sich eine Gelegenheit bot, war sie einem kleinen Abenteuer nicht abgeneigt. Antonia war gerne mit ihrem Mann im Bett, er war zärtlich, konnte zuhören und tat intuitiv das, was sie antörnte. Dass er keine Kinder zeugen konnte, davon war sie überzeugt. Aber das musste sie ihm ja nicht auf die Nase binden. Mit dem ersten Kind hatte es ganz gut geklappt. Und wenn sie wieder mal mit ihrer Freundin auf einem kurzen Städtetrip war, hütete ihre Mutter die mittlerweile vier Kinder, die, obwohl sie recht verschieden aussahen, alle mehr ihr glichen als ihm. Die Mutter liebte ihre Tochter Antonia so, wie sie war. Ganz natürlich und völlig unkompliziert.

Der blaue Anzug

Es war ein kalter Wintermorgen, als Brinkmann mit klammen Fingern den Einfüllstutzen aus dem Tank seines Wagens zog und dieser plötzlich zurückschnellte, so dass Brinkmann von der Brust an abwärts mit Benzin übergossen war. Trotz seiner Reinigungsbemühungen roch er wie ein Automechaniker. Nein, eigentlich beinahe so wie einer dieser Männer, die in Öltanks kriechen, um diese zu reinigen. Dabei hatte er als Jurist heute ein wichtiges Treffen mit dem Verwaltungsrat einer grossen Firma wahrzunehmen. Nochmals zurück in die Wohnung, duschen, umziehen, dazu reichte die Zeit nicht. Weil Benzin sehr flüchtig ist, hoffte er, man rieche bis zum festgesetzten Termin nichts mehr. Nach fünf Minuten Autofahrt war er aber bereits leicht benebelt von dem verdampfenden Benzin. Kurz bevor er in Ohnmacht fiel, kurbelte er die Scheibe runter. Als es ihm zu kalt wurde, kurbelte er sie wieder hoch. Rauf und runter, so ging das die ganze Fahrt.

Als Brinkmann das protzige Bürogebäude betrat, hatte sich der Benzingeruch noch nicht ganz verflüchtigt. Zudem kam er sich – gerade in den heutigen Zeiten – vor wie ein Selbstmordattentäter. Mitten in der Sitzung würde sein Chef wie immer seine Zigarre anzünden. Bis zu diesem Zeitpunkt hätte sich ein ideales Gas-Luft-Gemisch gebildet, das sein Vorgesetzter durch sein Streichholz zur Explosion brächte. Nein, das durfte keinesfalls geschehen. Noch eine Viertelstunde, dann musste das Problem gelöst sein. Hatte es nicht ganz oben, wo sich die Privatbar für ausgewählte Mitarbeiter befand, neben mehreren ledernen Polstersesseln und einem ausladenden Sofa auch noch eine Dusche? Aber natürlich, er musste nur duschen, das würde die Sache entschärfen. Doch wie kam er da rauf? Glücklicherweise hatte Brinkmann mit dem Hauswart, der in diesem Augenblick seinen Weg kreuzte, die Schulbank gedrückt. Und der war ihm – wie sollte es anders sein – noch einen Gefallen schuldig. Der Hauswart öffnete ihm die Tür. Er solle aber um Himmels Willen alles so lassen, wie es sei.

Brinkmann staunte. Der Raum war luxuriös eingerichtet. Der Panoramablick durch die Rundbogenfenster über die Altstadt und den See war einmalig. Auf Knopfdruck schoben sich die roten Samtvorhänge vor die Aussicht. Auch Musik konnte abgespielt werden. Die Bar war vom Allerfeinsten. Aber Brinkmann hatte anderes zu tun. Schnell zog er seine Kleider aus, duschte, doch als er die Kleider wieder anziehen wollte, rochen sie plötzlich viel stärker nach Benzin als zuvor, so dass es ihn ekelte, sie wieder anzuziehen. Im Schrank – was für ein Glück – fand er ein frisches Hemd, Krawatte, Unterwäsche, Socken und gleich mehrere Anzüge. Die waren wohl für die Herren da, die sich an einem dieser Geschäftsabende mit Damenbesuch bekleckerten. Der erste Anzug, den er anprobierte, passte. Er sah sogar besser aus als in seinem eigenen. Es war wie im Märchen.

Als Brinkmann mit etwas Verspätung das Sitzungszimmer betrat, war kein Hauch von Benzin mehr zu riechen. Einzig einige der anwesenden Männer wunderten sich, dass er den sogenannten »Blauen Anzug« trug. Normalerweise zog man den erst nach einer wilden Schäferstunde mit einer gewissen Dame im obersten Stockwerk an, wenn der andere verschwunden war. Die besagte Dame war bekannt dafür, dass sie Anzüge als Trophäen sammelte. Nicht dass sie die Männer skalpierte, doch der Anzug gehörte auf jeden Fall ihr, das war ihre Kriegsbeute. Kein Wunder, nannte man sie auch »die Kannibalin«. Da hatten sie wohl etwas verpasst, dachten die anderen Männer und hörten Brinkmann bei seinen Ausführungen zur Rechtslage ihrer Firma aufmerksamer zu als sonst.

Der Flaneur

Ein Mann, nennen wir ihn Victor, wohnt in einem Quartier einer grossen Stadt. Er schläft meistens aus, bleibt jedenfalls so lange im Bett, bis er sich, am Ufer des Erwachens noch von den Wellen der Träume umspült, des neuen Tages bewusst wird. Er steht auf, duscht und frühstückt. Dabei liest er die Zeitung. Anschliessend beobachtet er durch das Fenster die Wolken am Himmel, den Nebel, den Regen, das Licht-und-Schatten-Spiel auf der Strasse oder was auch immer, vor allem aber die Tauben. Dann holt er sich irgend eines der vielen Bücher aus dem Regal, schlägt es an einer beliebigen Stelle auf und beginnt zu lesen. Und jedes Mal findet er schon nach kurzer Zeit eine Art Tagesmotto, ein Wort, einen Satz, einen Gedanken, der ihm etwas Halt gibt. Früher, als er dies noch nicht tat, fehlte ihm der Tagesrhythmus, die Struktur.

Nach der Lektüre geht er aus dem Haus, macht einen kleinen Quartierrundgang, tätigt Einkäufe, schwatzt hier mit der Verkäuferin in der Bäckerei, dort mit dem Verkäufer im Gemüsegeschäft, grüsst Mütter, die ihre Kinder zur Schule bringen, und Geschäftsmänner, die zur nächsten Sitzung eilen. Anschliessend bereitet er sich zu Hause eine bescheidene Mahlzeit zu. Danach gönnt er sich etwas Ruhe, sitzt im gepolsterten Sessel, döst dabei und schläft manchmal auch ein.

Ausgeruht macht er sich dann auf eine ausgedehnte Wanderung innerhalb der grossen Stadt, in der er wohnt. Um in ein anderes Quartier zu kommen, steigt er in einen beliebigen Bus oder in ein Tram und hüpft an einem beliebigen Ort wieder hinaus. So kommt er schon mal an die Ränder der Stadt, in ihm nicht bekannte Parks, wo er Menschen und Tiere beobachtet.

Gegen Abend nimmt er sein Abendessen ein, und zwar immer in einem anderen Lokal, das sich jedoch in der Umgebung seiner Stadtwanderung befinden muss. Erstaunlicherweise trifft er dabei hin und wieder auf bekannte Gesichter, woraus er schliesst, dass er nicht der einzige ist, der sein Quartier kurzzeitig wechselt.

Spät abends schliesst er die Wohnungstür auf, giesst sich einen Tee auf und lässt dabei den Tag vor seinem inneren Auge vorbeiziehen. Und bevor er seine Augen schliesst, wirft er einen Blick auf das Bücherregal, wo all seine geliebten Bücher stehen, die ihn morgen wieder mit einem Wort, einem Satz, einem Gedanken bei der Hand nehmen und ihm Halt und Sicherheit geben.

Thénards Blau

Claude sagt, er habe sich schon in der Schule im Zeichen-
unterricht immer gefragt, aus was die einzelnen Farben
wirklich bestünden. Ja, eigentlich interessiere ihn bei vielen
Dingen die Theorie mehr als das Machen. Erst jetzt, wo er
nach so vielen Arbeitsjahren genügend Zeit habe, könne er
seinen geliebten Farben nachgehen. Das Pigment Kobaltblau
– das nach dem Pariser Universitätsprofessor Louis Jacques
Thénard, der die industrielle Herstellung des Pigments in
die Wege geleitet habe, Thénards Blau heisse – habe eine ex-
trem tiefe Farbe, es könne in der Fotografie oder im Druck
niemals richtig wiedergegeben werden. Das mache wohl die
Faszination dieser Farbe aus, die bereits in Persien zur Deko-
ration von Tonwaren benutzt worden sei. Stehe nun aber Kobaltblau auf einem Farbstift, heisse das noch lange nicht, dass
die Mine hauptsächlich aus dem Pigment Kobaltblau be-
stehe, vielleicht gebe es nicht mal eine Spur von Thénards
Blau darin. Kobaltblau, aber auch Purpurrosa, Malachitgrün,
Neapelgelb und so weiter bezeichneten lediglich den Farb-
ton, nicht unbedingt die darin enthaltenen Pigmente. Das
gelte vor allem auch für Farbtöne wie Siena gebrannt, Ocker
und Zinnoberrot. Manchmal habe er Lust, wirklich in die Pigmente einzutauchen, so wie Dagobert Duck in seine Gold-
münzen. Für den sei sein Geldspeicher die Badewanne des
Glücks, aber seltsamerweise könne nur er allein in die Mün-
zenhaufen eintauchen, seine Neffen und die Panzerknacker
schlügen beim Versuch lediglich den Kopf an das gelbe Metall, es gebe für sie kein Durchkommen. Auf die Frage, ob er
denn keine Angst habe, in einem riesigen Haufen von Thénards Blau zu ersticken oder wie in einem Ozean zu ertrin-
ken, antwortet Claude mir, das wäre es vielleicht wert. Das
sei aber nicht sein Ernst, entgegne ich entsetzt. Doch, antwortet er. Wenn er es sich genau überlege, würde er den Ver-

lust seines Lebens für diese wunderbare Erfahrung durchaus in Kauf nehmen, jederzeit.

Unversehens Linkshänder

Als sie ihm auf die Frage nach ihrem Geheimnis entgegnete, sie könne ihm keine Antwort geben, und selbst wenn, wie sollte sie die richtigen Worte finden, die bekanntlich so vieldeutig seien und niemals vollkommen exakt, meinte er nur, sie wisse bestimmt, dass zwischen dem Denken und Fühlen, aber was rede er da ..., wenn er ihre Rauhreifaugen sehe, wolle er ihr berichten, wie er unversehens Linkshänder geworden sei. Eine kleine Verletzung an der rechten Hand, am Mittelhandknochen, das sei schnell einmal geschehen, selbst einem Buchhändler könne das passieren. Anfangs sei ihm das Schreiben mit der linken Hand schwergefallen, doch dann habe die Hand selbst nach all den Jahren der Vernachlässigung danach verlangt. Den Einarmigen, das sei eigenartig, verstehe er seitdem viel besser, während er ihn früher bei jedem Buchkauf nur mitleidig angeschaut habe. Überhaupt achte er seitdem mehr auf Arme und Beine der Menschen und versuche sich vorzustellen, wie sich ein Mann eine Beinprothese anschraube oder wie sich jemand im Rollstuhl fühle. Nur an das fehlende Fingerglied seines Vaters habe er sich nie gewöhnen können. Es gehe ihm dabei nicht in erster Linie um die Einschränkung, sondern um die Unversehrtheit, und da seien es oft die kleinen Dinge, die besonders auffielen. Nicht dass ihn eine Mitschuld treffe, weil er an jenem Tag auf einer Klassenfahrt gewesen sei. Sein Vater habe versucht, die schwere Arbeit alleine zu erledigen. Er wolle nicht in Details gehen, weil er wisse, wie feinfühlig Frauen seien, im Besonderen sie. Es treffe zu, dass sein Vater sein Fingerglied noch hätte, wenn nicht diese Klassenfahrt gewesen wäre, über deren Durchführung er ursprünglich froh gewesen sei, weil er dadurch nicht beim Transport der schweren Holzscheiter habe mithelfen müssen. Insofern, da müsse er ihr beipflichten, träfe ihn eine, wenn auch nur indirekte

Schuld. Und dazu stehe er auch, weil er vor ihr alles offenlegen wolle. Kein Geheimnis wolle er vor ihr haben, wenngleich er dasselbe nicht von ihr verlange, da er nur zu genau wisse, dass sich ihr Geheimnis, wie sie schon erwähnt habe, nicht in Worte fassen lasse. Allein schon mit ihr zusammen zu sein und mit ihr zu sprechen, sei ihm das höchste Glück.

Jugendliebe

Die Mädchenschule lag auf der anderen Seite der Kleinstadt, und nur donnerstags, wenn die Mädchen in Zweierkolonne zu der neben der Knabenschule gelegenen Turnhalle marschierten, konnte ihr Alexander auf dem Pausenplatz auflauern. Gleich zu Beginn des Platzes befand sich ein metallener Mülleimer. Dort warf Judith jedes Mal ein zerknülltes Papiertaschentuch hinein, dann ein kurzer Blickkontakt aus der Distanz, der alles sagte. Die ins Taschentuch gewickelte Botschaft würde Alexander später unbemerkt herausklauben. Seine Botschaft für sie befand sie am hinteren Ende des Pausenplatzes, dort, wo die Treppe die paar Stufen hochging. Ohne dass es der Lehrerin je aufgefallen wäre, schnappte sich Judith das Briefchen, das unter einem losen Stein lag. So blieben sie während eines ganzen Jahres in Kontakt, erzählten sich von ihrem Alltag und beteuerten, dass sie eines Tages zusammen leben würden.

Doch dann kam der Donnerstag, an dem sie nicht erschien. Vielleicht war sie krank, dachte er. Als sie am folgenden Donnerstag auch nicht erschien, machte er sich ernsthafte Sorgen. Am dritten Donnerstag erfuhr er von einem Mitschüler, dass Judiths Eltern in eine andere Stadt gezogen waren, er könne ihm die neue Adresse geben. Alexander schrieb ihr einen Brief, doch der kam postwendend zurück. So wie es aussah, wurde der Brief von den Eltern abgefangen. Liebesschwüre an eine Dreizehnjährige, das war ihnen zu viel.

Nach dem Ende der Schulzeit wurde Alexander ins Militär eingezogen, lernte die harten Sitten einer Männergesellschaft kennen, lernte Befehle entgegen nehmen, und bald befahl er auch selbst. Er studierte Jurisprudenz. Und er wurde Offizier. In der Stadt eröffnete er eine Kanzlei, die ihm und seiner Familie ein luxuriöses Leben ermöglichte.

Man hätte vielleicht meinen können, dass Alexander, als er seine Jugendfreundin nach vielen Jahren per Zufall in den Bergen, wo er eine Skitour unternahm, wieder traf, gesagt hätte, er habe Frau und Familie, eine gut gehende Anwaltspraxis, und mit ihnen beiden sei es längst vorbei. Aus und vorbei. Oder dass sie höchstens seine Geliebte sein könne, mehr sei einfach nicht möglich. Wer das von ihm geglaubt hätte, kannte seine Verwegenheit nicht, seine Entschlossenheit.

»Wir fahren noch heute zusammen weg«, sagte er. In seinem Blick lag wieder diese Kraft von einst, wenn sich ihre Blicke auf dem Pausenplatz getroffen hatten. Und wie aus dem Nichts begannen Schneeflocken aus dem Winterhimmel zu fallen, als ob sie ihrer beider Lebensspuren verwischen wollten.

Weibliche Logik

Schon dieser Titel: »Weibliche Logik«. Was ich denn damit meine? Das ginge total an der Sache vorbei. Es gehe hier nicht um eine wie auch immer geartete Logik. So habe sie das nicht gemeint. Natürlich gäbe es Unterschiede zwischen Frauen und Männern. Doch ich solle dabei mein Augenmerk einmal auf das Verhalten von Frauen in gewissen Situationen legen. Wie verhalten sie sich bei Ungerechtigkeiten am Arbeitsplatz, wie gehen sie auf Probleme von Mitmenschen ein? Überhaupt schon, dass sie sich ernsthaft nach dem Befinden ihres Gegenübers erkundigten, gelte es zu beachten. »Was ist los mit dir? Was bedrückt dich? Willst du darüber reden?« Das seien Fragen, die Frauen öfter stellten als Männer. Vor allem die Bedürfnisse von Mitmenschen erkennen. Darum ginge es. Wenn es um das Offenlegen der wirklichen Beweggründe gehe, sei bei den Frauen nicht diese Herumdruckserei oder gar ein stumpfsinniges Schweigen. Ein Mann, kein Wort. Das treffe nur allzu oft zu. Wenn ich wenigstens so viel erkannt hätte, wäre ich dem Ziel schon näher. Nein, Ziel sei ein dummes Wort in diesem Zusammenhang. Sich einfühlen, mit offenen Augen durch die Welt gehen, nicht grübeln, bis man Kopfschmerzen bekäme, darum gehe es doch. Auch der Umgang mit Krankheiten sei so ein Thema. Überhaupt seien sowohl Frauen als auch Männer in erster Linie Menschen, und ich solle mich nicht von Vorurteilen leiten lassen. Ich müsse auch nicht alles für bare Münze nehmen, was mir irgendwer darüber erzähle oder was in Ratgebern stünde. Sie selbst sei seit ihrer Scheidung ja auch ein gebranntes Kind, beurteile Beziehungen vielleicht anders als Menschen, die das nicht durchgemacht hätten. Das sei ihre Meinung. Aber mir fehle es noch an Lebenserfahrung. Das sei ja auch kein Wunder in meinem Alter. Trotzdem fände sie es mutig, dass ich so ein Thema für meinen Aufsatz

gewählt habe. Von ihr könne ich, wenn ich mich darauf ein-
lasse, noch einiges lernen.

Inhalt

Über den Autor

MICHAEL BODMER, 1984 in Gossau (Schweiz) geboren, in Frauenfeld zur Schule gegangen. 2004-2009 Studium der Jurisprudenz an der Universität Zürich. Von 2010-2012 arbeitete er als Jurist in einer Kanzlei in Bern. 2013 Reise nach New York, Aufgabe der beruflichen Tätigkeit und Rückzug in ein kleines, von seiner Grossmutter geerbtes Haus im Vorderrheintal (Kanton Graubünden), wo er Geschichten zu schreiben beginnt. 2015 Umzug nach Zürich zusammen mit seiner Lebenspartnerin Anna Derungs. Geburt der Tochter Isabelle. Im Herbst Reise nach Schottland, anschliessend erneute Reise nach New York, wo er Reportagen schreibt und seine alte Leidenschaft, die Musik, wiederentdeckt. 2016 Veröffentlichung seiner ersten Musik-CD *The New York Recordings*. Der vorliegende Kurzgeschichtenband *Ganz alltäglicher Wahnsinn* ist seine erste Buchpublikation.